即兴演讲

为听众提供价值

尚 伟/著

中华工商联合出版社

图书在版编目(CIP)数据

即兴演讲 / 尚伟著 . -- 北京：中华工商联合出版社 , 2023.7

ISBN 978-7-5158-3719-2

Ⅰ . ①即 ... Ⅱ . ①尚 ... Ⅲ . ①演讲－语言艺术 Ⅳ . ① H019

中国国家版本馆 CIP 数据核字 (2023) 第 131819 号

即兴演讲

作　　者：	尚　伟
出 品 人：	刘　刚
策划编辑：	李　瑛
责任编辑：	李　瑛
排版设计：	北京青云腾科技有限公司
责任审读：	付德华
责任印制：	陈德松
出版发行：	中华工商联合出版社有限责任公司
印　　刷：	北京毅峰迅捷印刷有限公司
版　　次：	2023 年 10 月第 1 版
印　　次：	2023 年 10 月第 1 次印刷
开　　本：	710mm×1020mm　1/16
字　　数：	200 千字
印　　张：	15.75
书　　号：	ISBN 978-7-5158-3719-2
定　　价：	58.00 元

服务热线：010－58301130－0（前台）

销售热线：010－58302977（网店部）
　　　　　010－58302166（门店部）
　　　　　010－58302837（馆配部、新媒体部）
　　　　　010－58302813（团购部）

地址邮编：北京市西城区西环广场 A 座
　　　　　19－20 层，100044

http://www.chgslcbs.cn

投稿热线：010－58302907（总编室）

投稿邮箱：1621239583@qq.com

工商联版图书

版权所有　侵权必究

凡本社图书出现印装质量问题，请与印务部联系。

联系电话：010－58302915

序言 Preface

你的心脏怦怦直跳，你的汗水顺着额头滚落下来，你的双手发凉甚至有些微微颤抖……没错，你不是进入了恐怖片的某个场景，而是站在了即兴演讲的舞台上。此时此刻，你痛恨自己为什么不能潇洒自如地展现自己，为何不能侃侃而谈地与听众对话。但这一切都是必然的，因为你没有在平时提升即兴演讲的能力。

随着时代的发展，人们的工作和生活半径在通讯和交通工具的加持下变得越来越大。今天你可能在老家与父母团聚，明天就可能被派驻外省与客户面谈；多年未见的同学，只需要一张飞机票就能马上重逢……这些社交活动会出其不意地打乱你原有的计划，却也丰富了你的人生。然而，当你出席这些场合时，突然被要求上台讲话，你的大脑会是一片空白吗？

苏格拉底有一句名言："世间有一种能力可以使人很快完成伟业，并获得世人的认可，那就是令人喜悦的说话能力。"当你拥有了好口才，你将不再惧怕这些社交场合；当你拥有了好口才，你将滔滔不绝地表达自己的想法。正所谓"一言之辩，重于九鼎之宝"。形形色色的社交生活填充了你的人生，而你出众过人的口才丰富了社交生活。

不要固执地认为即兴演讲只是随便说说，更不要一味抗拒或选择逃避。

纵观中国历史，那些流传千古的大圣先贤有几个不是能言善辩的大师级人物呢？一个缺乏表达能力的人无法准确传递出自己的思想，更难有机会展现个人的才华。

和正式演讲相比，即兴演讲更加考验一个人的应变能力，它要求讲话者要选择集中性的话题，听说并行，有感而发，具有强大的临场发挥能力。由于没有事先准备，就需要在平时历练和打磨出过人的表达技巧，用短短几分钟的时间让陌生人记住你、让熟人重新认识你，这绝非单纯地卖弄口才，而是能给你的工作、生活、爱情等种种人际关系带来意想不到的福利，你的人生甚至可能因为这几分钟而发生转折和改变。

或许你性格孤僻，或许你天生社恐，但无论怎样你都无法彻底脱离人群。立足于人群中就要学会与人相处，而语言就是最有效的工具。一个只会埋头苦干的人，很难让别人发现其闪光点，甚至可能被口齿伶俐者抢走功劳，断送出人头地的机会。这就是学习和提升即兴演讲能力的现实因素。

本书从初学者的角度出发，融汇了多种场景设置、多种讲话风格，将理论和案例充分结合，既给予初学者足够的"干货"，又能提供鲜活生动的案例，帮助你在训练表达能力的道路上有目标、有进度、有选择地取长补短，最终成长为一个不怯场、不跑题、不自卑的即兴演讲高手，让你的学业、事业、家庭乃至整个人生焕发出绚丽夺目的光彩。

目录 Contents

第一章 CHAPTER 1
上场前的"黄金3分钟"

1. 明确主题，你就有灵感　002
2. 不讲大道理，可以有"小实话"　006
3. 你的听众是谁——提供有价值的信息　009
4. 增强信念，相信自己能获得掌声　013
5. 最后10秒：把身体调到最佳状态　017

第二章 CHAPTER 2
讲话的结构设计

1. 四段法：开场、切入、主题、收尾　022
2. 三段法：故事引导、现场提问、总结观点　026
3. 两段法：提出观点、讨论分析　030
4. 一段法："我只说一件事"　035
5. 无段法："随便聊几句"　039

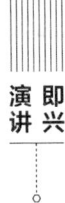

第三章 | CHAPTER 3
话术选择：选择最适合的表达方式

1. 深刻型：言之有理 044
2. 幽默型：活泼生动 048
3. 坦诚型：自然无痕 052
4. 干练型：简短有力 056
5. 创意型：语惊四座 060
6. 煽情型：直戳泪点 064
7. 激情型：一呼百应 068

第四章 | CHAPTER 4
掌控现场：演讲者 + 主持人 + 销售员

1. 场面控制：让听众关注你 074
2. 氛围控制：让听众跟随你 078
3. 形象控制：让听众喜欢你 082
4. 声音控制：让听众聚焦你 086
5. 时间控制：让听众接纳你 090
6. 心理控制：让听众满意你 094

第五章 | CHAPTER 5
讲话风格不是一天养成的

1. 独树一帜的风格才能印象深刻 098
2. 不同场合需要不同风格适配 102
3. 你的独特从模仿开始 105

④ 挖掘自己的闪光点　109

⑤ 训练表情和动作　114

第六章 | CHAPTER 6
临场技能：处理突发状况

① 脑子空白：用套路消除尴尬　120

② 短暂失忆：做好万全准备　124

③ 嘘声四起：以不变应万变　128

④ 残酷冷场：以动制静是最佳策略　132

⑤ 设备故障：放弃对技术的依赖　136

⑥ 干扰打断：学会承上启下　140

⑦ 出现失误：找个合适的"台阶"　144

第七章 | CHAPTER 7
表达能力的日常训练

① 扩充知识储备　150

② 积累故事素材　155

③ 提升心理素质　159

④ 磨炼社交技巧　162

⑤ 获取信息反馈　166

第八章 | CHAPTER 8
小型正式场合怎么讲话

① 就职演说：让期待值拉满　172

- ② 离职告别：让情绪动起来 176
- ③ 竞聘上岗：让评委信任你 180
- ④ 工作部署：让精神传出去 184
- ⑤ 团建活动：让全员心聚齐 188
- ⑥ 座谈讨论：让分享感溢出 192
- ⑦ 主持会议：让气氛热起来 196

第九章 CHAPTER 9
大型正式场合发言技巧

- ① 典礼现场：仪式感和大格局 202
- ② 节庆活动：言谈带着欢乐感 206
- ③ 表彰大会：体现你的荣誉心 209
- ④ 悼念哀思：继承逝者的遗志 212
- ⑤ 纪念大会：深沉而不失激情 216
- ⑥ 慈善公益：呼唤爱和播撒爱 219
- ⑦ 欢送大会：开口洋溢暖心情 223

第十章 CHAPTER 10
非正式场合的表达秘诀

- ① 朋友聚餐：三分江湖气，七分赤诚心 228
- ② 家族聚会：有爱、有礼、有精神 232
- ③ 同学重逢：忆旧情，谈未来 236
- ④ 同事小酌：真心话和场面话 240

CHAPTER 1

第一章
上场前的
"黄金3分钟"

明确主题，你就有灵感

讲话分为两种，一种是有准备的，另一种是没准备的。检验一个人是否真的具备演讲技巧，后者显然是最好的试金石，这就是即兴演讲。

即兴演讲是指在特定场合中缺乏准备的临场发言，当然，现实生活中的即兴演讲并非真的毫无准备，或许是提前几分钟、个把小时通知你，或者在到场前告知你可能要"说两句"，因此仍然具有一定的准备时间，只是和固定上场的演讲相比多了几分不确定性，准备时间也更加仓促。

如果说有准备的讲话是春晚级别的演出，那么即兴演讲更像是单位联欢，它虽然也会出现在正式场合，但因为"没有正式准备"而稍显随意、自由，听众的包容度也会更高。但即便如此，想要通过即兴演讲赢得满堂喝彩依然是一件难事，因为它是一种高水平的表达艺术，是对讲话者心理素质、应变能力、表达水平以及文化修养等方面的综合大考。

英国前首相丘吉尔曾说："你能对着多少人当众讲话，你的事业就会有多大。"换句话说，你的讲话能力是自身综合能力的体现，所以面对即兴演讲，我们不能生硬地拒绝，也不能厚着脸皮带稿上场，我们要做的就是通过这样一次特殊的考试来展示自我，营销我们的特质、才华和思想，在人生的旅途中打一次精彩的"广告"。

由于即兴演讲具有突然性、临时性和不确定性，想要在短时间内组织出精彩的语言和清晰的逻辑并不容易，因此选择一个合适的话题更为重要。为什么这么说呢？当我们和一个陌生人交谈时，能够迅速拉近关系的是可以产生共鸣的话题而非滔滔不绝的口才。因为话题会直击听者的心灵，只要选择的话题合适，即便语言表达上有欠缺，即便逻辑思维上有漏洞，也不妨碍对方愿意认真地听下去。下面，我们就来盘点一下选择话题的三种技巧。

第一，因时起兴。

时间是很多即兴演讲最常见的话题。这里所说的时间不是讨论时间本身，而是"时间节点"，比如传统节日、重要纪念日、现场某人的生日等。通过谈论大家都感兴趣的日子，可以最快地把现场听众的情感串联到一起，也不用费尽心思去找"深刻的主题"，对讲话者也能减轻不少压力。

在一次30年同学聚会上，班长突然被大家拽起来发表即兴演讲，面对多年未见的同学，班长顿了顿说："今天是咱们毕业30年的同学聚会，当年我们这些毛头小子、黄毛丫头，如今都已过不惑之年。30年，足够让我们的孩子从懵懂到而立；30年，足够让我们的事业从起步到辉煌；30年，足够让我们失去曾经的美好……所幸的是，30年过去了，我们依然还能聚在一起，这说明30年里我们没有忘记初心，那就为我们坚守、奋斗、爱恨交织的30年干杯！"话音刚落，同学们纷纷鼓掌，有人甚至悄悄抹了一把眼泪。

在这段即兴演讲中，班长没有选择谈人或者谈事，这是因为阔别30年，很多人已经发生了变化，人际关系也难以揣摩；而谈事又会因为年代久远导致一些人记忆犹新、一些人忘在脑后，无法产生普遍的共鸣。所以班长选择了"30年"这个饱含感慨和沧桑的时间节点，意在唤起大家对往日的追忆，唤醒记忆中有关学生时代的美好，自然就博得了大家的掌声和认同。

第二，因己感慨。

如果说世界上有什么最让你熟悉的话题，那莫过于谈论你自己了。当然，每个人对自我的认知未必是客观的，但人们还是乐于了解你眼中的自己是什么样子，因为这是一个观察者和被观察者"交换意见"的机会。

只不过在即兴演讲的场合中，不宜对自己进行深刻剖析，更不能趁机自吹自擂，而是应尽量向外界展示一个真实的自己，以放低的姿态消除可能存在的误解，拉近彼此的距离。

1991年11月，在北京召开了金鸡奖和百花奖的颁奖典礼，演员李雪健因为主演《焦裕禄》而同时斩获两个大奖的最佳男主角。获奖后，李雪健在下面的即席答谢时是这样说的："苦和累都让一个好人——焦裕禄受了；名和利都让一个傻小子——李雪健得了。"话音刚落，现场响起了潮水般的掌声。

对观众来说，千篇一律的获奖感言实在太多了，最常见的句式就是"首先我要谢谢某某，然后我要谢谢某某，最后还要谢谢某某……"这种即兴演讲既无新意，也无诚意。然而李雪健的简短讲话却振聋发聩，他坦诚直白地剖析了自己——"一个傻小子"，对比的则是他扮演的焦裕禄，虽然用词不多却意味深长：他作为一个演员不过是扮演了焦裕禄人生中的几个片段，或许拍戏时吃了很多苦，但是和焦裕禄一生的兢兢业业、无私奉献相比自然不值一提，然而焦裕禄却并没有因此获得名利，反而是饰演他的演员站在了灯光聚集、背景华丽的舞台上。这段获奖感言既有新意又诚意十足，是李雪健对"身为演员的自己"最精炼也最犀利的点评，所以才能收获观众发自内心的赞许。

第三，因言而论。

在需要即兴演讲的场合，你一定会听到其他人的讲话，那么你大可不必搜肠刮肚想别的主题，而是可以从别人的讲话中"摘录"出一段能让你感慨并能引发讨论的内容作为主题，这样现场听众都容易产生共鸣和互动。

在一次退休人员的聚会上，一位老干部跟大家分享了他的退休生活：颐养心性，保持本色。随后，另一位老干部也被大家要求讲两句。这位老干部是这样说的："刚才老陆说了'颐养心性，保持本色'这八个字，我是挺有感慨的。我们一生都经历了大风大浪，也见识过生离死别，心里难免会有一些伤疤，但我们既然到了享受天伦之乐的年纪，看淡得失才能颐养心性。我们能够被岁月洗去青春，但本色是不该被洗去的，比如心中的正义、投身的信仰，正是有了它们，我们的晚年才有回首过往的底气和傲气。"话音未落，在场的人都纷纷鼓掌喝彩。

老干部的这段话借助他人之言进行了引申和升华，把八个浓缩的、有些抽象的字具象化，并联系了退休老者们的心境，所以具有打动人心的效果，对那些产生退休焦虑的同龄人会产生一种震撼感和激励感，让他们淡然回首往事、积极面对生活。

即兴演讲最担心的是没有话说或者说不下去，所以我们要选择让人产生真实感受的话题。除了上述提到的话题外，我们也可以从眼前人、身边事说起，虽然选取的对象不同，但组织话题的逻辑都是相同的，那就是从中找出与听众的"连接点"，即他们熟悉的、感兴趣的、有价值的话题，这样才能起到借题发挥的效果。从这个角度看，一个善于即兴演讲的人，也必然是一个热爱生活、观察生活的人。

言为心声，心为境遇。用一个适当的话题表达你的心声，才能让讲话者和听者跨过经验的隔阂与认知的分歧，找到共同的生活感悟。

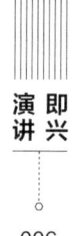

不讲大道理，可以有"小实话"

对于即兴演讲，讲话者本来就没有充分准备，想要靠严谨缜密的逻辑和精妙设计的语言博得听众好感很难，所以要想给人们留下正面的深刻印象，一定要赢在内容上。

不过，提到真心话，有人会觉得风险太大，因为真心话可能会得罪人。但我们强调的不是毫不修饰的"大实话"，而是精心修饰的"小心得"，即 70% 的含量是真话，剩下 30% 的含量是修饰语，这样就既能做到让人愿意听，却又不会招人反感。

钱钟书当时从清华毕业，很多教授都希望他能留下来继续深造，然而他却直言不讳地表示，全清华都没有一个教授够资格当他的导师。后来，钱钟书离开西南联大时又说外文系不行，并举出了几个教授的负面例子，结果和西南联大弄得不欢而散。后来成熟一些之后，钱钟书才意识到自己当年实在太过狷狂。

现在，我们就把自己代入到钱钟书的视角，当学校想要留任你，而你需要发表即兴演讲时不妨这样说："十分感谢各位教授对钱某人的器重，钱某对清华也一直怀有很深的感情，这里能人辈出，英杰遍地，随便找出一个都能让钱某学习半生。只可惜钱某天性不羁，总是不自量力地想要去外面的世界莽闯乱撞一番，着了不碰南墙不回头的魔障，就是这么一个不成器的心性，真是让各位错爱了，还请多多包涵。"

如果钱老当年能用这类表达方式，或许就不会扫了清华的颜面，也能委婉地表示自己"志不在清华"，大家面子上就都过得去，日后也好相见，这就是说"小实话"的用处。

"小实话"的另一大实际价值在于，当我们被毫无准备地推上台做演讲时，很难有大把的时间去设计一些八面玲珑、滴水不漏的发言，所以言辞中难免会有一些粗糙之处，但如果稍微修饰一下，这种粗糙在听众看来就是一种真实的情感流露，是不会被扣印象分的。因此，"小实话"的点睛之处就在于，一定要让听众听到一些"未经加工"的用词，感觉讲话者就是在和朋友放松地聊天，这样即便有些语言"包装度"不够，也并不影响听感，反而成为加分选项。

1903年12月17日，莱特兄弟完成了人类第一次驾驶飞机离开地面的伟大壮举，随后他们到欧洲各地旅行。在法国的一次欢迎宴会上，当时社会上的名流显贵都来庆祝莱特兄弟的成功，希望他们能给大家来一番即兴演讲。紧接着，哥哥维尔伯·莱特走上了讲台，仅用一句话就博得了全场热烈的掌声："据我所知，鸟类中会说话的只有鹦鹉，而鹦鹉是飞不高的。"

其实，莱特原本可以向大家介绍发明飞机的过程，也可以讲讲自己和弟弟的实干精神，但是这样的内容显然不是大家期待的，因为早就已经有媒体铺天盖地地报道过了。对莱特兄弟而言，让他们记忆深刻的是在试飞成功之前所遭受的冷漠和嘲讽。要知道，几个世纪以来，无数科学家都认同一个观点：比空气重的机器根本无法飞起来。正是有了这种论点，才让科学家、记者乃至莱特家的邻居们，完全不相信这两个没受过高等教育的毛头小子能发明飞起来的机器，所以都异口同声地称他们为"骗子"。如今发明成功之后，莱特兄弟当然想回击曾经谩骂他们的人，但赤裸裸地反击又会破坏宴会的气氛，就干脆以"鹦鹉"来暗讽，既做到了一定程度的委婉，又释放出了几丝反讽的意味，这就是"小实话"的表达魅力。

在很多即兴演讲的场合，有些人甚至可以临场发挥、滔滔不绝，在

没有底稿的前提下长篇大论，但这其实并不算是值得炫耀的本事，因为没有重点、缺乏内容的表达只能让人觉得枯燥。特别是对于当下这个快节奏的社会，只说场面话、漂亮话，无非就是给人喝白开水。成功的即兴演讲一定不追求长度和精美度，而是追求一定的力度，要能在某个点上触动他人。

山不在高，有仙则灵，演讲也是如此。我常说一个人口才好，并非指此人如何在大庭广众之下侃侃而谈，也非一张嘴就能颠倒黑白，而是只要几句话就能说到别人的心里，起到掌控全局的作用。从这个意义上讲，稍加修饰的真心话就是最好的演讲稿，因为它能让我们言之有物，毕竟真心话是脱胎于现实的，不是凭空捏造的。正如作家刘震云所说："最好的语言就是实话，实话是最深刻、最生动的语言。"

有些人惧怕即兴演讲，是因为觉得自己没有临时组织语言的才能。虽然从客观上看的确是一个缺点，但你可以用几句发自肺腑的小实话来弥补，这样既不会让自己口是心非地表达，又能给予你畅所欲言的空间，让听众在听惯了客套言辞的社会中忽然眼前一亮，接着振聋发聩，这才是真正做到了"言之有理、言为心声"。

3
你的听众是谁——提供有价值的信息

演讲不是自说自话，只有把演讲者、演讲内容和听众有机地连成一条线，才能打造出信息传递的闭环结构。在你准备登台发表即兴演讲之前，必须认真考虑一个问题：你的听众是谁？他们会通过你的演讲获得哪些有价值的信息呢？

实际上，听众和演讲者的关系，有点类似受众和营销的关系，受众特点决定了营销方法，所以只有先认清受众类型，才能选择具有针对性的营销策略。下面我们就盘点一下常见的三种听众类型。

第一，群体型听众。

这类听众是最常见的类型，他们并非来自某个特定的组织，却有着共同的兴趣和相似的价值观，抑或者有着共同的经历，比如同学、同事、朋友等。这类听众的特点是能够互相影响和相互依赖，当叫你开始演讲之前，他们已经置身于演讲的时空当中，对你的发言充满着兴趣和注意力。所以对于你来说，如何选择正确的内容就决定了演讲的成败。

以同学聚会为例，大家都有一段共同的经历，价值观也比较接近。当有一位老同学上台准备讲话时，他们自然是充满兴趣的，因为他们想听到有关回忆同窗生涯的故事和心得。这时你要做的就是满足他们的需求："今天，咱们聚在这里，只有一个身份，那就是同学；只有一个话题，那就是同学情谊。时间可以让我们变老，青春不再，但时间也可以让我们的情谊长存。不管你曾经是学霸还是学渣，不管你今天是否功成

名就，我们今天聚在这里，就是要把当年的纯真找回来，续写我们的同学情谊！"

这段演讲切中一个比较敏感的话题：昔日的同学如今相见，必然有社会地位的差别，如何正确看待这种人生际遇的变化呢？很简单，用同窗之情去填补。甭管今天你是从政当官还是下海经商，你在我们眼里都是坐在前桌的那个傻小子……在这里传递的有价值的信息就是"忽视当下，重拾过往"，这是听众们愿意听到的。

第二，组织型听众。

和群体型听众相反，组织型听众拥有严密的组织结构，有共同的目的和利益，而且还会受到严格的组织纪律的约束，每个听众都明确自身承担的责任，他们未必在情感上和演讲者能产生多大的共鸣，但在场面上会消除抵触情绪。最有代表性的就是公司年会，你所面对的听众就是你的同事、上司或者下属，因为他们构成相对复杂，所以关注的内容肯定不同，但他们的组织性、纪律性要超过同学聚会，所以你要传递的信息不在于是否能引起共鸣，而是要遵从你们共同信仰的企业文化："去年对于咱们公司来说，真的是不平凡的一年。这一年，咱们的新大楼落成启用了，公司进入了新的发展时期。同时，我们开始了扩大经营范围的发展新阶段，业务转型，管理转型，我们找到了新赛道和新入口，践行了'挑战自我，顺势而为'的企业发展精神。挑战虽然要迈过重重难关，但我们是顺应了时代发展的节奏，成功是注定的，方向是正确的，相信我们在新的一年里会在新的风口扶摇直上，再创佳绩！"

这段演讲看起来是在"打官腔"，但其实围绕着一个重点——企业转型。在转型这种特殊时期，上至领导下至员工，所承受的压力必然超过以往，同时也会在心中产生迷茫。这时就需要有人给大家鼓舞士气，而最响亮的口号当属企业文化——挑战自我，顺势而为，用它去安抚大家的彷徨心态，激励大家坚定不移地走下去。这种发言就带有较大的正面意义，也能被大多数人所接受，比单纯地大吹业绩更有价值。

第三，讨论型听众。

这类听众的特点是有着共同的目标，但在价值观上可能不尽相同，只是对演讲内容比较感兴趣。当然这并不意味着你一开口就会遭到抵制，听众会根据你的演讲内容和表达方式来决定是否支持你的观点。至少你讲得有理有据时，听众即使不完全赞同，也会顺着你的观点和提供的信息进行适当的思考和妥协。总的来说，面对这类听众时，要充分展示出你坚强的信心。以教学研讨会为例，当你走上讲台后可以这样发言："课程改革虽然带有实验性质，但是这关系到所有孩子一生的命运，就像美国教育家杜威所说的：'给孩子一个什么样的教育，就意味着给孩子一个什么样的生活！'我知道诸位对课程改革的方向有不同的理解，也进行了有益的探索，那么今天我就把我推崇的探索录像向大家展示一下，这就是'搭建情感课堂'。它的核心是让学生在课堂上感受到快乐，老师的责任不是启发心智，而是调动热情，只有当学生的激情被点燃了，他们才能产生学习的欲望和动力。这是我从学生时代起就产生的思考，直到我为人师表后坚定了信念。"

这段演讲的亮点就在最后两句话上，指出了演讲者是以学生和老师的双重视角来思考如何进行课程改革的。这说明演讲者并非把课程改革看成是一项工作任务，而是融入对教学事业的长久性思考之中，即便在场的各位老师有不同的意见也可以理解，毕竟每个人从小身处的教学环境是不同的。

一次即兴演讲，很难传递给听众系统的知识，所以我们应该立足于传递有价值的信息，这个信息所包含的内容非常广泛，既可以是经验分享，也可以是观点传承，还可以是情绪传递。从某种角度看，表达与演讲的本质，就是为听众提供价值。你是一个演讲者，但同时更是一个给

予者而非索取者。你要把演讲看成是送给听众的礼物,而非一次任务,只有纠正错误的认识,才能以良好的心态面对听众,奉献出一次简短却精彩的讲话。

4

增强信念，相信自己能获得掌声

古希腊哲学家苏格拉底曾说过："一个人能否有成就，只看他是否具有自尊心和自信心这两个条件。"一次即兴演讲能否取得成功，除了在内容和表达上需要掌握技巧之外，还有一个不可或缺的内在条件，那就是对自己的演讲是否有信心。

一个充满自信的演讲者，即便内容准备得不够充分，也能在"我一定能获得掌声"的信念中超常发挥，向听众展现出自信的笑容和坚定的语调。这并非在灌输鸡汤，而是一个人自信十足的气场可以为演讲本身加分。相反，即便你的演讲内容足够精彩，可在讲话时却结结巴巴、底气不足，传递给听众的表达效果自然也会大打折扣。

那么，如何让自己在演讲中强化自信呢？具体说来可从两个方面入手，一个是在平时增强自信，也就是在上台之前，你就是一个充满信念的人；另一个是在演讲中表现出自信，让听众认为你就是一个天生自信的人。

首先，我们来介绍一下如何在日常活动中强化自信。

第一，关注自身的优点。

自信不是建立在空泛的基础上，而是有源有根、有凭有据的，其中最重要的来源就是你的优点。比如你口才出众，随便讲个小段子都能让听众折服，这就是你自信的源头；再比如你知识渊博，随便科普一个小知识都能让听众增长见识，这也能让你上台之后坦然面对众人。那么在日常生活中，你可以把自己的优点记录下来，有意识地强化这些优势，

让它们成为你人生道路上的开路利剑。

第二，增强积极的心理暗示。

或许对某些人来说，自己身上并没有特别突出的优点，总不能厚着脸皮把不存在的优点写出来吧？不必担心，你可以通过积极的心理暗示来给自己打气鼓劲。当你在做一件事之前，可以不断强化自己解决问题的信念，要坚持对自己说"你是最棒的""你肯定能顺利完成"，这种持续不断的信念暗示，有助于提升自信心，这是被心理学充分证实的有效方法。

第三，与充满自信的人交往。

群体对个体的影响是不可忽视的，正如我们常说的"近朱者赤，近墨者黑"，如果你总是和悲观萎靡、充满负能量的人接触，时间久了必然也会变得悲观。所以，我们要多和那些自信心强的人接触，吸收他们身上的乐观主义精神，时间久了，自然会对自己产生满满的自信感和自豪感。另外，多和阳光乐观的人接触，你会习惯性地保持微笑，而微笑也能增加幸福感、强化自信心，这些都是你勇敢地走上演讲台的力量源泉。

第四，保持良好的自信形象。

自信虽然源于内心，但也会通过外部形象的变化促进自信心的增强。举个生活中常见的例子：当你穿上一件不干净、款式破旧的衣服时，在和人打交道时就难免会产生自卑感。所以，提升自信的外部手段就是保持整洁的仪表和得体的举止，当然这并非要求你穿名贵的衣服，而是穿着大方、端庄，与出席的场合搭调，这样你就会有更强的"融入感"，不会觉得自己很另类，而是会发自内心地强化信念，敢于和他人交流。

以上四点是在平时积累自信的方法。下面我们再来介绍一下如何在演讲中保持自信。

第一，敢于正视他人。

眼睛是心灵的窗户。有研究表明，眼睛在人类社会交往中扮演重要的角色，比如说服对方、表达爱意、试探真心等。在演讲中，我们除了通过语言和听众交流之外，眼神交流也是一条重要渠道。你是否足够自信，就会通过眼神展示给听众。因此，当你在台上演讲时，目光一定不能处于游离状态，而是要敢于和听众对视，这样才能传递出你内心的潜台词："此时的我自信满满，欢迎你聆听我的发言。"当然，如果你觉得自己无法和他人进行目光接触，那不妨从台下熟悉的人开始，对方可能是你的朋友，也可能是你的同事，你们在平时的交往中总会有目光接触，所以先从熟人"下手"来练习胆量，然后再把目光转移到不熟悉的人乃至陌生人身上，这样就有了一个循序渐进的锻炼过程。

第二，保持正确的体态姿势。

除了眼神交流，身体姿态同样也是一种交流方式。看看那些在台上缺乏自信的演讲者，他们往往是以扭捏的、不自然的甚至是尴尬可笑的姿态面对听众，在这种情况下都不需要进行目光接触，就能知道对方是高度紧张的。所以，你要想让听众为你鼓掌，就要让自己的姿态处于"开放状态"，比如自然地打开双臂、自如地踱步（注意范围和频率）、自由地挥动手臂等，充分释放你的肢体语言，用它们来和听众进行辅助交流。切不可让自己处于"防御状态"——双手插兜、抱紧双臂、下意识地退缩等。简单说，你的姿态越是放开，你在台上的立体空间就越大。比如有的人在演讲时会自然地拿开眼前的水杯、电脑等"障碍物"，最大限度地缩短和听众的距离，这就是进入放开状态后的自信表现。

古雅典雄辩家德摩斯梯尼天生口吃，嗓音微弱，而且还有耸肩的坏习惯，看起来毫无演说家的天赋。然而他为了让自己成为卓越的演说家，专门向演员请教发音的方法，把小石头含在嘴里迎着风大声朗读，还在家里装了一面大镜子，每天对着镜子练习演说。为了改掉气短的毛病，

他经常在陡峭的山路上一边攀登一边吟诗……经过日积月累的刻苦训练，德摩斯梯尼逐渐培养起了自信心，终于成为可以载入史册的演讲大师。

德摩斯梯尼就是很多资质平平的人的学习榜样，他的经历告诉我们：自信是在潜移默化中慢慢建立起来的，不能一蹴而就，要有长期付出的准备和持之以恒的努力。对我们来说，一次即兴演讲或许是偶然的，但自信心的养成是必然的。它不会在你刚好需要的时候就被建立起来，而是在你天长日久的积淀中慢慢形成，这种源自内心的底气才会让你收获来自听众的掌声，他们肯定的不仅仅是你的演讲，更是你坚定深邃的目光。

最后 10 秒：把身体调到最佳状态

当你在脑海中构思出了一篇有价值的腹稿之后，此时距离上台前还有最后的 10 秒钟，你会做什么呢？或许有人会说，应该放空一下心灵，或者短暂地清空一下大脑，以相对松弛的状态迎接即将开始的演讲。不过，这可能并不是最好的选择，因为你忘了关注一下自己的身体状态是否"允许"你落落大方地走到众人面前。

一个成功的演讲者，不仅要在上台时将自己的大脑调节到最佳状态，更要让身体进入到最佳状态，因为这会直接影响到其在讲话时的"生理表现"，而生理表现往往自己难以察觉，等到你意识到自己身体处于非协调的状况时，可能已经在台上开始出洋相了。

事实上，那些一到演讲就陷入紧张状态的人，未必是演讲内容准备得不足或是面对听众发怵，而是没有进行科学的"热身运动"。缺少这一环节，会直接拖累之前的所有准备工作。那么，我们该如何科学合理地调节身体呢？

第一，做均衡运动。

均衡运动是通过活动身体的一些大关节和肌肉，从而有意识地让身体的某一部分肌肉处于"先紧张后放松"的状态，比如握紧拳头然后再松开，或者先固定住双腿，然后做压腿动作，最后再放松下来，一般来说可以保持三秒然后再放松，连续做三次基本上就算是达标了。可能有人知道这个方法却不了解其意义所在，其实做肌肉均衡运动的根本目的不是针对肌肉，而是你的整个身体，这种有规律的一张一弛会让负责紧张的肌肉尽快失去力气，让它们"没有力量去紧张"，这样你的身体就会很快进入到舒适的状态，而身体的松弛也意味着心理上的松弛。不过需要注意的是，做均衡运动的时候要保持均匀缓慢的节奏，切记忽快忽慢，这样非但不会让你放松肌肉，反而会加剧紧张的情绪。当然，也不要走向另一个极端，即过于严格地控制节奏，其标准应是只要觉得关节有松动感、肌肉有放松感就足够了。另外还有一点需要注意，如果周围人比较多，那么放松腿这种明显的动作可以不做，只做放松拳头的动作即可，毕竟让别人注意到你在做动作也会让自己感到尴尬。

第二，做深呼吸运动。

深呼吸是最常见的平复情绪的方法，它通过调节呼吸来消除外部的干扰和内心的杂念。当你在演讲前存在明显的紧张感时，建议首先做深呼吸运动，从而优先控制住你的情绪。至于深呼吸的做法，可分为简易型和标准型两种。简易型就是我们在影视剧中经常看到的，深深呼气加上长长吐气，这种方法是相对隐蔽，基本不受外部环境影响，但它关联的身体肌肉有限，有时候效果并不明显，所以在条件允许的情况下还是要做标准型。

标准型的做法是把双腿支撑在地面上，双臂自然下垂，然后闭上眼睛，把所有的注意力都集中在呼吸上，此时你的耳朵可以静听空气流入和流出时的微弱声音。完成这个步骤后再进行吸气，吸气时需要从 1 数到 10，切记每一次吸气都要将身体绷紧，同步在脑海中映射出所数的数字，另外在呼气时要在心中默念"放松"，通过这种循环往复的节奏，就能最大限度地让身体处于放松状态，直到你感觉到来自内心的平静。也许有人会说，标准型的做法实在复杂了，在即兴演讲之前很难完成。但这其实跟你的熟练度有关，如果你在平时多次练习，就能形成肌肉记忆，等到需要做时就会容易很多。

第三，闭目想象。

闭目想象这个方法是通过心理状态的调节让身体处于放松状态。方法很简单，就是闭上眼睛后，尽量在脑海中想象那些带有安静和美丽色彩的景物，比如蔚蓝的大海、金黄的沙滩、漂浮的白云、连绵的山川……总之最好是你亲身经历过的场景，这样比较有代入感，如果是和家人、朋友或者恋人一同目睹的场景，那就会进一步增强幸福感和满足感，让你的心理状态得到最美妙的情绪渲染，进而让全身快速进入松弛状态。

以上三种方法适用于上台前感觉到轻微的紧张时，或者是状态没有达到最佳时。但如果你的情绪处于高度紧张状态，除了上述三种方法之外，还可以采用一些"应急措施"来救场，尽快调节到合格状态。

第一，手中紧握物体。

如果均衡运动和深呼吸都无法让你平复紧张的情绪，那么你可以在上台前在手里抓住一个小物件，比如钥匙、硬币或者是一支笔。只要你感到紧张，就用力握紧一下手中的物体，这样就会把全部的紧张感转移到手中的物件上，多试几次之后，紧张感会逐渐变弱甚至消除。

第二，按摩脸部肌肉。

当人处于紧张状态时，脸部肌肉会变得比较僵硬，这意味着你的表情会变得十分木讷和呆板，这会直接导致在听众那里被扣掉"印象分"，也会降低你的自信心。所以在演讲前找机会按摩一下脸部肌肉，让眼睛能够尽量睁开，与听众自由地对视，让面颊尽量松弛，适时地对听众微笑，让嘴巴尽量打开，让你的声音更加洪亮，这些都会树立你自信的形象，会从外部抵消你内心的紧张感。

即兴演讲是对头脑和身体的双重考验，有的人精于积累，满脑子都是可以脱口而出的腹稿，却因为不懂得调节身体而临时"抛锚"；有的人虽然不善于表达，却能很好地操控身体，从上台到下台始终保持在轻

松状态，仅仅是通过聊天式的讲话就能博得听众的掌声。因此我们有理由相信："身体是演讲的本钱。"只有当你完成了必要的热身之后，才能以最佳状态投入演讲中。

CHAPTER 2

第二章
讲话的
结构设计

四段法：开场、切入、主题、收尾

生活中，通常有两类人讲话招人喜欢：一种是风趣幽默型的，一张口就是相声演员，正经话题中插入让人忍俊不禁的搞笑段子，让身边的人听得津津有味。还有一种是逻辑缜密型的，一张口就是大学教授的腔调，一二三四说得头头是道，节奏感极强，逻辑性满分，让人听得茅塞顿开。对于即兴演讲来说，如果能够掌握上述两种类型中的一种，就能轻易地俘获听众，获得出其不意的效果。不过，风趣幽默往往带有天赋属性，并不是人人都能驾驭得了的，但是逻辑缜密却可以通过后天学习模仿个七八成。

当然，即兴演讲没有充分的准备时间，想要设计出比较精密的结构实在困难，所以我们就要从大的结构框架上进行把握，这就是掌握"四段法"的重要性。所谓的"四段法"，就是把演讲分成四个组成部分：开场、切入、主题和收尾。之所以要把演讲分为这四个部分，目的是让讲话内容逻辑自然、切换顺畅，如果毫无结构可言，就会让语句之间的衔接变得非常突兀，内容的过渡也会变得不自然，失去了那种大学教授侃侃而谈的感觉。下面，我们就来逐个分析一下各个组成部分的讲述要领。

第一，开场。

好的开始就等于成功了一半。出色的演讲开场就相当于为听众打开了一扇大门，而大门后的世界，就是你要传递给听众的理论、观点和经验。所以要想让听众发现这个"世界"的美，你首先要把门打开。那么，如何巧妙地打开这扇门呢？核心要义就是吸引听众的注意力，说他们最关心的话题，比如怎样赚钱、怎样谈恋爱、怎样化解人际关系矛盾等。

在国外的一次活动上，一位演说家手里举着一张 20 美元的钞票问大家："谁想要这 20 美元？"话音刚落，所有人都举起了手。然后演说家表示自己在送出这 20 美元之前要做一件事，紧接着他就将钞票团成一团，然后问："谁还要？"结果依然有人举手。这时演说家又把钞票扔在地上踩了踩，又问了同样的问题，依然有人举手。这时演说家对大家说："你们现在已经上了一堂有意义的课，无论我怎么对待这张钞票，还是有人想要它，因为它并没有贬值。人生路上我们可能会被逆境击倒，会觉得自己一文不值，但在上帝眼中你们永远不会丧失价值。"

这个精彩的开场以大家最感兴趣的"钞票"作为引子，吸引大家一步步跟着演说家的思路并最终引入了主题，这就是一个很成功的开场方式。当然，在即兴演讲中，你可能不会做这么复杂的设计，那也可以通过简单的几句话开场，比如："我最近发现一个特别的现象，是什么现象呢？"或者是"最近有一部电影特别的火，但我一点也不喜欢，为什么呢？"这些都可以勾起听众的好奇心，接下来就进入"切入"这个部分。

第二，切入。

如果说"开场"相当于"开胃菜"或者"餐前酒"，那么"切入"就是"上正餐"之前的中间阶段。"开场"的主要作用是引起听众的好奇心，让大家认真地听演讲者说话，而"切入"就开始涉及主题部分了，只不过它是要把主题牵引出来而非马上点明。

一家工厂准备裁员，很多员工得知后都惊慌失措，顿时引发了骚乱。这时一位中层干部对员工说："告诉大家一个好消息！"员工听了以后顿时安静下来，毕竟在这种困难时期大家都渴望听到振奋人心的消息。然而中层干部停顿了一下继续说："我的太太今天主动辞职了！"员工们先是一愣，然后纷纷鼓起掌来。

在中层干部的这段即兴演讲中,"告诉大家一个好消息"相当于开场部分,说出后瞬间吸引了大家的注意力,而"我的太太今天主动辞职了"就是切入部分,因为它已经开始涉及主题部分了——裁员。因为"主动辞职"意味着少了一个被裁员的名额,员工感念恩德,自然就情不自禁地鼓起了掌。显然,没有"好消息"作为开场,员工根本不会安静下来;而没有"主动辞职"这个爆炸性消息,大家也不会平复情绪接受可能被裁员的负面情绪。在这两个环节之后,就是第三个组成部分——"主题"。

第三,主题。

毫无疑问,主题是你演讲内容的核心。你为演讲设计的开场、采用的讲述方式以及观点论述等都是为了主题而服务的,主题讲不明说不透,演讲就是失败的。当然,即兴演讲不能为了阐述主题而长篇大论,一来会浪费时间,降低听众的关注兴趣;二来也容易跑题,导致主题模糊不清。所以要精炼简洁,直击要害。

接着上面的案例,中层干部说出妻子主动辞职以后,就开始向员工讲了妻子这样做的原因:"我太太知道厂里的难处,她觉得与其被动等待,不如拼搏一把,去自主创业,一来能减轻厂里的负担,二来也是让人生多一种可能,毕竟继续留在厂里也不会再有精彩的人生了。"这段话让大家瞬间沉默下来,其中一部分人忽然意识到:与其希望自己侥幸不被裁员,不如趁此机会走出舒适区,放手一搏,或许人生就能迎来新的转机。至于那些不想冒险创业的人,中层干部则简明扼要地介绍了工厂裁员后的政策,经过这一番简短的主题阐述,大家渐渐安定下来,开始接受现实。

中层干部的演讲主题是"如何正确面对裁员",他没有站在领导视角去宽慰大家,而是以丈夫的视角讲述了妻子是如何理性看待裁员并勇敢迈出第一步的,这样的主题阐释就很平易近人,不打官腔,不做作煽情,容易得到一部分人的理解和赞同,这次即兴演讲就取得了预期效果。那么,接下来的环节就是如何"收尾"了。

第四，收尾。

很多人会看轻"收尾"的意义，因为在他们看来，有了精彩的开场，有了成功的主题阐释，收尾就显得不那么重要了，甚至有人直接省略了这个环节，但其实这是不对的。正如我们看一部电影，反派被主角干掉，故事已经明确了结局，但还会有一个主角开启新生活的收尾部分，这是为了从高潮部分向平静部分的自然过渡，同时也会再次点题，让观众理解整个故事的发展脉络。即兴演讲也是如此，草草收场的演讲会给人一种虎头蛇尾的感觉。

继续承接中层干部的即兴演讲，在他阐述完主题之后，员工也即将散去，此时的他诚意满满地对大家说："我在厂里工作了十年，你们当中有些人工作的时间可能更长，我们早就亲如一家人，所以我希望大家在离开后有崭新的开始，有空的时候常回家看看，说不定我们还有机会再续前缘！"这种祝愿式的收尾，显得温情十足，既表达了演讲者本身的无奈，也透露出不舍，会进一步抵消大家的负面情绪，有利于裁员工作的顺利展开。

"四段法"的演讲结构适合于主题宏大或沉重的演讲内容，因为听众不易在短时间内理解或者接受，就需要通过开场和切入这两个环节进行铺垫，也需要通过收尾来明确主题，做到和听众信息交互的闭环。我们只有根据演讲内容进行选择，才能发挥这种结构设计的最大优势。

2

三段法：故事引导、现场提问、总结观点

几年前，营销界有一个广为流传的说法：做销售要学会讲故事。意思是通过一个精彩的故事来营销产品，从内心深处去打动客户。其实在演讲圈子里也有一种特殊的手段叫作"故事演讲"，指的是通过一则故事来阐述主题，取代理论解释。具体到即兴演讲，故事演讲的作用便更加明显：它不需要你精心地进行准备，只要从脑海中提取出一个适合阐述主题的故事，就能达到演讲的目的。

相对于"四段法"，故事演讲的结构相对简单一些，可以归纳为"三段法"，即故事引导、现场提问和总结观点。下面，我们就逐一介绍这三个组成部分的讲述原则和要领。

第一，故事引导。

故事的种类有很多，我们可以从讲述视角将其分为：客观故事、听众故事和自我故事。至于选择哪一种故事，要根据你的主题以及听众属性等因素来决定。

1. 客观故事

此类故事就是演讲者和听众之外的"第三方故事"，现场可能没有人认识故事的主角，所以大家对主角的评判不带有感情色彩，适合那种带有哲学思辨色彩、发人深省的主题演讲，这是因为大家能够理性客观地看待故事中人物的各种行为。比如，当你想要以"后发制人"作为主题进行演讲时，不妨讲下面这个故事："德国有一个叫安格拉的小女孩，从小身体协调性很差，5岁的时候下坡时还会经常摔倒，这让她十分自卑，在她12岁那年，体育老师教同学们跳水，安格拉磨磨蹭蹭排到最后，这时有同学嘲讽她：'怎么还不跳？是被跳板吓坏了吧？'然而安格拉冷静地表示她正在努力领悟，结果她站了45分钟以后，忽然冲向跳板，然后跃入泳池深处，动作虽然不算优美，却引起了大家的喝彩。直到这一刻，安格拉才意识到：拖延到最后，能够给自己留下充足的时间来平缓情绪，还能从他人身上吸取经验，后来这成为她人生道路上的重要认知法则。这个叫安格拉的小女孩就是德国前总理默克尔。"

默克尔对于演讲者和听众来说虽然比较熟悉，却还是比较遥远的，所以大家不会先入为主地带有主观色彩去看待她的成长之路，就容易把注意力聚焦在她的人生感悟上。

2. 听众故事

顾名思义，听众故事就是以听众作为主角的故事。需要注意的是，这并非真的是发生在听众身上的事情，因为演讲者最好不要用听众的真人真事来阐述主题，这可能会引起对方的反感。所以我们使用的听众故事其实是一个"虚拟故事"。比如"当你第一天上班时，老板给你安排到了一个矛盾斗争最激烈的部门，你一分钟都待不下去了，这时你该怎么办呢？"像这种以第二人称来讲述的假想型故事就是听众故事，它既可以规避妄议听众本人的不敬，又能随心所欲地设计一个很有代入感的虚拟场景，把听众以最快的速度抓取到你搭建的故事情境中。

听众故事能够最大限度地调动听众的想象力，让他们跟随着你的思路逐步推进，代入感很强，所以适合存在感情因素的演讲主题，比如亲子教育、人际关系处理和励志类等。由于听众会代入自我的视角和相关的经历，非常容易产生共情，所以在解释理论的时候说服力也会更强，更能让听众学会换位思考。

要想把听众故事讲好，一些辅助性的词汇至关重要，因为你必须将听众成功置身于一个场景中，一旦代入感缺失，听众故事的架构就彻底失败了。所以在讲述之前，你要简单进地行引导，比如"现在请大家闭上眼睛，想象你置身于一片金色沙滩的情景"，或者是"大家都有过和陌生人独处一室的经历吧？如果有就请你们好好回忆一下当时的尴尬和无奈"。通过引导，听众就会逐渐进入由你预设的场景中，故事演讲才能顺利展开。

3. 自我故事

自我故事就是演讲者自己的故事，这类故事基本上都是真实的，必要时也可以进行艺术加工。需要注意的是，自我故事一定要用"表演"的方式而非"演讲"的方式，也就是说要完全融入"自我"的视角，通过适当的表情、声调和动作把整个故事表演出来，以此让听众产生共鸣。

一般来说，自我故事比较适合说服性的演讲主题，因为演讲者对听众来说是近在眼前的人物，即便不认识、不熟悉，也总好过一个道听途说的人物，而演讲者借助个人的真实经历，就可以增强说服性。比如，演讲者在讲到"自控力"这个主题时，就可以通过小时候的经历来唤起大家对自律的关注："我初三的时候，在期末考试的前两天，老师就叮嘱我们要好好复习，结果呢，我把这句话抛在了脑后，趁爸妈不在家就打开电视，在沙发一瘫，那滋味别提多舒服了。结果一进考场，我脑子里嗡嗡的，好几道题都忘了怎么做，差点瘫在椅子上不过这回要瘫就是真瘫了。"在这段自我故事的讲述中，演讲者可以充分利用表情和动作，生动演绎出"得意忘形"和"失魂落魄"两种截然相反的状态，有利于切入主题。

第二，现场提问。

在讲完故事之后，演讲者需要和听众进行一下互动，目的就是确认听众是否真的理解了演讲的主题，同时也让涉及主题的观点深入人心。当然，对即兴演讲来说，现场提问不宜设定得过于复杂，毕竟双方都没有充分的准备，可以简单设置为"大家赞同不要年终奖就辞职吗"或者是"我刚才提出的两个观点,你同意哪一个呢"。这类提问容易回答,不涉及专业知识和特殊的经验,听众总能从自己熟悉的角度出发进行解释。至于是否和你的预期相符并不重要的,因为你可以顺着听众的话茬说下去,或者就听众回答中意见不同的部分阐述自己的观点。

第三,总结观点。

在进行现场提问环节之后,听众的回答或者满足你的预期,或者和预期不符,这些并不影响你最后的观点陈述,因为越是有不同的声音,就越能给予你总结的力度。比如在默克尔的故事中,如果你提出的问题是"你们同意后发制人这个观点吗?"或许会有听众认为"先发制人更合理",那你就可以借着这个回答进行观点陈述:"刚才有人说'先发制人'更有优势,确实,'先下手为强'是我们常说的话,但这句话的前提是零和博弈,对方先出手,你就有可能先中招。但默克尔的'后发制人'并非在双方博弈的情境,而是多方竞争且己方实力不强的情境,那么一定会有人成为失败者,默克尔的后发制人就是避免让自己为别人试错,保存实力,一鸣惊人,这是她多年从政立于不败之地的制胜法宝之一。"通过承接提问环节的回答来总结观点,说服性会更强,听众心中的疑惑也会被一扫而光。

"三段法"虽然结构相对精简,但对演讲者的表达能力和表演能力有一定要求,所以为了达到最佳效果,可以在平时多和朋友聊天交流,掌握讲故事的技巧,同时积累一些故事素材,这样在遇到即兴演讲时就能游刃有余地驾驭主题了。

3

两段法：提出观点、讨论分析

"三段法"的演讲结构有利于更加迅速地进入主题，也能充分发挥"故事演讲"的优势，不过对于一些演讲者来说仍然过于"复杂"，因为有些主题需要更直接、更清晰地展示给听众，这时就需要"两段法"的结构设计了。

所谓"两段法"，就是把演讲内容划分为两个组成部分：提出观点和讨论分析。这种方法适用于演讲时间短、演讲主题比较复杂的状况，能够最大限度地精简结构，同时也会预留出更多的时间与听众进行讨论。下面，我们就来分别介绍这两个组成部分。

第一，提出观点。

提出观点就是单刀直入地讲出你对某个问题的理解、对某个人物的看法等。听上去比较简单，但其实这里存在着技巧，因为过于直白地抛出论调会给人一种说教感，会给后面的观点讨论带来麻烦，所以可以根据不同的需要选择有技巧地提出。

1. 颠覆式

颠覆式地提出论点，就是先否定一个破旧的、错误的观点，然后提出一个全新的、相对正确的观点。这种提出方式存在一定风险，容易引起争议，但其优点也是显而易见的：能够在最短的时间内产生震撼人心的效果。

曾经有演讲者就"叛逆的'90后'员工"这个话题进行了即兴演讲，

他在提出观点时是这样说的："经常有老板对我说，'90后'员工不好管理，性格叛逆，自我意识太强。我这样回答他：每个时代的人都会贴上时代的标签，'80后'老板觉得'90后'员工叛逆，那'70后'父母还觉得'80后'孩子不懂吃苦耐劳呢。再说，'叛逆'不一定是坏事，你只要留心观察叛逆后的原因，总能发现自己行事风格或公司管理中存在的问题，而这往往是你个人和公司进步的契机。"这个破旧立新的观点提出后，顿时引起了在场听众的关注，在听众之中反响强烈，这就是颠覆式提出论点的作用。

2. 循序渐进式

循序渐进式地提出论点，是为了让听众拥有足够的思考空间和完整的思考过程，这种提出方式相对颠覆式比较保守，也更加稳妥，适合于探讨那种复杂性的、需要听众真正理解消化的主题。并非只是"听懂"就能达到预期，而是要做到"身体力行"，所以比较适合在企业中、学校里面对员工和学生的即兴演讲，即向对方传递和灌输规章制度。

一家企业的负责人为了改变员工工作散漫的状态，临时上台进行了一次演讲，他是这样提出观点的："一般人认为，想要考个好大学必须先上个好中学，而想要上个好中学必须要进入一所好小学，是这样的吧？"此时台下的员工作出了一定的反应，有人随声附和，有人窃窃私语。这时负责人接着讲："但是我认为，这种基础教育具有不可逆性，你总不能因为自己上了一所二流中学就放弃考985、211了吧？"说到这里再次停顿，不少员工表示赞同。随后负责人继续说："所以呢，除了做好基础教育之外，我们也可以通过'补偿教育'来完善自我。"说到这里有很多员工纷纷点头。此时负责人继续讲道："那么，像你们这些已经进入企业的成年人，就可以通过补偿教育改变原有的能力和态度，提升你们的综合素质。从下个月开始，我们公司就要进行这种教育，全方位地改造你们，让你们变为更符合市场需求的尖端人才！"话音未落，员工们纷纷鼓掌喝彩。

3."旧瓶装新酒式"

"旧瓶"代表着一个老生常谈的话题，本身并不具备吸引力和话题性，但在装入"新酒"之后，它就拥有了新的生命力和延续性，可以让大家重新审视那些被多次讨论的老主题，从中发现具有时代特色的新内容。一般来说，这种提出方式适合探讨"听众明明知道但就是不去实践"的话题，可以巧妙地解决那些在工作和生活中难以处理的"顽疾"。

某大学的自习室总有学生打电话、吃零食，干扰到其他同学，这几乎是所有高校普遍存在的老问题，于是一位辅导员通过老话新说的方式进行了一次即兴演讲："最近我看到不少同学都去上自习了，这是一件好事，但我比较担心的是你们的隐私和健康问题。"说到这里学生们自然十分好奇，只听辅导员是这样解释的："有同学在自习室里大声打着电话，要求爸妈给自己转生活费，数字精确到了个位数，这样一来，你家里的经济状况就被外人知道了。还有人和朋友聊感情方面的事，而恋爱对象恰恰也在我们学校，你就不怕被人传闲话导致感情破裂吗？"学生听到这里已经开始认真思考了，而辅导员则接着说："还有就是你们习惯一边看书一边吃东西，吃饱喝足了还会上个厕所，可你知道身边的人会不会触碰你的食物呢？有的人纯粹是嘴馋，有的人可能喜欢恶作剧，更有的人虽然只是看一下，但他可能不讲卫生，这些被碰过的零食你们还敢继续吃吗？"辅导员说到这里，所有学生都沉默不语了，虽然他们知道这是为了让大家保持安静和不吃零食，但切换的视角却和以往完全不同，终于成功说服了大家。

第二，讨论分析。

在提出观点之后，接下来要做的就是演讲者和听众之间的互动了，而互动的核心就是通过交换意见来强化演讲者输出的观点。这也可以被看成是一个信息反馈的过程，即听众是否真的理解并认同你的观点。那么，在这个互动环节中，掌握一些交流技巧就十分有必要了。

1. 认真倾听，切勿打断。

让听众畅所欲言时，无论对方说的内容是否符合你的预期，都不要打断，这样既不礼貌也不利于说服对方，要让对方把话说完。当然，如果对方的确是喋喋不休耽误了整个演讲的进程，也可以通过适当的插话来让对方尽快结束发言，比如"很好，我觉得你说得已经够清晰了，再来听听其他人的意见吧"。只有尽量让对方讲完自己的理解，你才能清楚对方的误区在哪里，才能找准要害说服对方。

2. 和平探讨，求同存异。

有些演讲者社会地位高于听众，所以在发现对方的观点与自己相悖时，就会动用地位压迫来迫使对方认同，这是非常粗暴的做法，不利于听众真正发自内心地接受。正确的做法是以平等的身份交流，以求同存异作为原则，只要对方在大方向上认同自己，细节可以暂时忽略，等待有机会时进一步阐述，从而彻底说服对方。以辅导员的演讲为例，在提出观点之后，可能有同学依旧认为自己打电话也是迫不得已，自己的零食会注意妥善保管，所以不认为会对隐私和安全造成影响。这时作为辅导员可以这样和对方讨论："你说的也没错，有些电话很着急，下意识就接了，但我觉得进入自习室还是要把手机调成震动或者静音，这样既不会打扰到别人，也不会突然吓到自己，对吧？"对方听了之后表示同意，辅导员可以继续探讨："零食再怎么保管，也会有离开你视线的时候，而且散落的残渣和包装袋会影响自习室的卫生，遭殃的可不只是别人，因为你能吃零食，别人也能，关键就看大家是否能统一认识了。"说到这里，辅导员已经把"维护自习室秩序的必要性"阐述得相当透彻了，也融入了新的视角，完全不听从的人只可能占极少数，而在大方向上统一了认识，这场即兴演讲就成功了。

"两段法"的结构优势并不在于简单直接，而是在于输出观点的彻底性和探讨观点的交互性，它在本质上就是和听众进行面对面交流，只不过演讲者是先开口的那个人，同时也要给予听众充分表达自我意见的机会，在这种平等交流的氛围中才能充分宣贯主题，达到预期目的。

4

一段法："我只说一件事"

对于那些擅长即兴演讲的人来说，无论是"三段法"还是"两段法"都还不够简单，因为它们仍然需要在进入演讲主题前进行导入，而一旦导入失败，就会影响后续的发挥，所以他们更需要简单到极致的讲话结构设计，由此就有了"一段法"。

所谓"一段法"，其实就是"一次只说一件事"，无须导入，也无须收尾，上来就开门见山地直切主题。虽然听起来"一段法"似乎很容易掌握，但在实操中，很多演讲新手反而会屡屡犯错，究其根本是他们脑子里想着一件事，嘴上却讲出了很多事，让主题变得模糊，导致演讲被彻底搞砸。

"一段法"的难点在于必须足够深入主题，而不能游走在主题的边缘，否则"一段法"本质上还是"两段法"和"三段法"，也就是没有直击要害，让听众搞不懂你是在抛砖引玉还是已经进入正题了。因此，"深入阐述"就是把"一段法"运用到极致的关键，决定了你的即兴演讲是否足够精彩。但是，这里又产生了一个新问题，那就是即兴演讲往往没有事先准备，演讲者来不及做功课，那该怎样进行深入阐述呢？

其实，我们所说的"深入"是基于即兴演讲的"适当深入"，并非"绝对深入"，否则任何一个小话题都可能讲上三天三夜。面对不同的听众，我们不需要从全视角切入，把主题揉碎了、掰开了去讲，而是从听众的视角出发，简明扼要地直击重点即可。下面，我们就来探讨一下如何快速掌握"一段法"的要领。

第一，直击痛点，满足需求。

"一段法"就是要开门见山地讲述大家最关心的问题，不设置悬念，不进行铺垫，就像在午饭时间直接问大家"你们想吃什么"，这就是直来直去的"一段法"。而如果是先介绍附近有什么餐馆，再询问大家想吃什么，这里就存在了导入环节。需要注意的是，"痛点"这个词有些商业化，但它并不是只适用于工作场合的即兴演讲，而是只要关联到人们的需求就可以归纳为痛点。

在一次同学聚会上，大家都关心下次聚会是自驾游还是下馆子，这时如果需要你进行一次即兴演讲，就可以把这个人人都关心的问题当成痛点："下次聚会的形式我们已经确定了，按照少数服从多数的原则，我们决定去郊区踏青，然后野餐。因为距离不算太远，我们全程都骑单车，环保省油，还能增加食欲，找回我们当年骑单车上下学的感觉……"对于大家关心的问题，这个单刀直入的讲话瞬间给出了解决方案，又和"找回同窗时光的记忆"紧密关联，既没有跑题，也没有分散主题，始终围绕"下次聚会骑单车郊游"这一件事来阐述。

第二，化繁就简，统一目标。

"一段法"虽然是"一次只说一件事"，但很多时候所谓的"一件事"可能包含着若干个小事件，就像一个大项目会拆分成几个子项目一样。打个比方，"同学聚会"是一件事，但涉及聚会的方方面面会有很多杂项，比如谁负责订饭店、谁负责联系同学、谁负责选购纪念品、谁负责布置现场等，所以这又牵涉到一个原则：尽可能地缩小"子项目"，让听众聚焦在"大项目"上。比如把同学聚会的所有杂项合并为两个内容：让 A 负责所有现场部分（包含订饭店和布置现场），让 B 负责所有场外部分（包含联络、购物）。这样一来就相对集中，听上去还是在阐述一件事。

王先生是一位项目负责人，由于总经理经常外出，所以他总要留下来监督项目的实施和主持每周的例会，除此之外还会临时性地进行即兴演讲，而他每次讲话时效果都不好，原因在于他一开口就会先问A项目进展如何，又问B客户推进如何，结果问着问着，大家就某个工作细节的问题吵得不可开交。这其实就是没有遵循化繁就简的原则，把一件事硬是拆分成两件事甚至更多，自然就会引发争议。后来，王先生经过系统的学习之后，每次即兴演讲都会这样开口："我看大家的报表，本周项目推进情况正常，而我们本周重点想要解决的问题就是材料成本的问题，上个星期我们的材料成本控制在42%，而这一周我们的材料成本高达50%，这意味着我们将免费给客户干！经老板同意，所以我终止了最后的订单。接下来，我就公布一下公司现阶段的成本策略……"等王先生说完以后，大家都认真接受并迅速执行起新政策。

在这次即兴演讲中，王先生没有像以往那样细化项目内容，而是综合起来进行阐述，核心只围绕着"降低材料成本"这一件事，起到了对公司项目监督的作用。他的即兴演讲自然是成功的。

第三，突出重点，巧妙强调。

"重要的事情说三遍"是最适合强调"一件事"的表达方法，在即兴演讲中也是如此。可以通过表达和修辞的技巧来突出你要传递的核心信息，这样才能给予听众较为深刻的印象，方便他们快速抓取重点。

1. 通过语音变化强调

如果你是某个部门的主管，想就"迟到"问题来一次即兴演讲，那么可以在讲话中用提高声音来强调重点——"<u>现在集团已经出台对屡次迟到员工的惩罚措施，你们听好了……</u>"这样员工就不得不认真听下去并遵守最新的规章制度。注意在日常的讲话练习中，学会快速地、自然地提高某个词语或者某句话音量的发音技巧，这样听起来去才会抑扬顿挫，否则就会变成声音忽高忽低的奇怪表达方式，难以达到预期效果。

2. 通过对比强调

有时候为了说明一件事，可以用另一件事进行对比，虽然听上去是在说两件事，但本质上是在强调一件事，这样做的目的是给听众留下深刻的印象。比如，你想在朋友圈子中推荐自己的新业务，为了让朋友都来捧场，可以这样发表即兴演讲："感谢大家给我的发言机会，前几天我看各位的朋友圈都在转发'羊了个羊'这个游戏，我也很喜欢，巧的是，我的新业务也有一个'yáng'字，叫'跨洋商务服务'，希望大家多多转发我这只'羊'，帮我渡过初创困难期，到时候我必有重谢！"这段讲话把一款流行的小游戏和自己的业务相互对比，让听众产生了关联记忆。

除了以上两种强调方法，最简单直接的就是重复强调，即多次提及相同的内容，强化听众对重点信息的感知度和记忆点。这一方法易于操作，只是要掌握好重复的次数，不要引起听众反感。

"一段法"的核心在于抛开所有杂项，最大限度地凸显重点，是一次"做减法"的思维过程和表达过程。只要你能在讲话前认真梳理一下内容并提取出关键信息，"一段法"就很容易被你掌握，也能让你扬长避短，免去"讲故事""做引导"等技巧性的讲述环节。

5

无段法："随便聊几句"

即兴演讲的最高境界是什么？听起来不像是演讲。

其实这句话的逻辑不难理解，就像"优秀的广告不像广告"一样，成功的演讲更像是朋友之间畅所欲言的聊天。没有事先草拟的底稿，也不必遵循严谨的逻辑关系，聊到哪里就到哪里，聊完之后一样会有拨云见日之感，这就是"聊天式演讲"的魅力所在。

之所以把"聊天式演讲"归纳为"无段法"，是因为它本身不遵循任何结构设计，可以有开场引导，可以直入主题，可以在主题之外加入一个副主题，可以戛然而止，也可以华丽收尾，总之就是随心所欲，不受限制。所以从这个意义上讲，"无段法"的难度是排在所有结构类型之首的，而不能想当然地认为要低于"一段法"。下面，我们就来分析一下掌握"无段法"讲话结构的要领。

第一，掌握接近主题的技巧。

如果说"四段法""三段法"中的开场和引导是有意识地切入正题，那么随意闲谈更像是无意识地"接近"正题。当然这种无意识是建立在大量积累的聊天话题和聊天技巧之上的，它无法通过上台前的几分钟来准备，而是要在平时通过与形形色色的人交流时历练而成。

一位保险公司的销售经理在出席一个朋友聚会时，因为是东道主特意请来的，于是就临时发表了一番即兴演讲。她先是客套了几句，然后就随意地聊起了她和老公的情史，讲述了很多让人忍俊不禁的小故事，最后在众人的一片笑声中结束。然后戏剧性的一幕就发生了：大家纷找机会和这位经理攀谈,聊着聊着才提到了她正在营销的保险产品,原因只在于她在即兴演讲中随口提了这样一句:"我们两口子能安全渡过七年之痒,就是因为我给我们的婚姻上了保险,情感保险、经济保险,还有亲子保险……"虽然提及"保险"二字,却始终没有向大家推销任何保险产品,但正是这种看似无心的表达,让很多人借着对"维系婚姻"的话题转移到了用保险"维系生活"的话题。加之这位销售经理知无不言,坦诚相告,最终这一次聚会让她获得了10个客户和若干个潜在客户。

聊天式演讲的核心法则在于,用看似漫不经心的方式在主题周围"游走",也就是说你想向大家推荐保险产品,那就不能直接谈这个话题,而是将话题指向周边,但同时又存在某种关联,这样才能达到"攻心为上"的目的。当然,随意闲谈可以自爆隐私,但不能窥探他人的隐私,演讲者要以"自黑"和"自爆"为底线,不能破坏听众对你的好感。

第二,掌握自由转移话题的技巧。

因为"无段法"本身没有结构束缚和框架限制,所以开场白可能会距离主题很远,这就需要通过及时地转移话题来接近主题,避免离题万里。

一位培训师不管在什么场合发表即兴演讲,都能收获一片掌声,这是因为他总能抓住别人最关注的话题,然后与自己要表达的主题相关联。比如在一次讲话中,他开场说的是感谢主办方之类的客套话,随后看向观众话锋一转:"在座的各位应该都是当了宝爸宝妈的人吧?你们今天出来参加活动,肯定惦记家里的'小魔王'们。说实话我也惦记我家里的那个,这不为了约束他,给他报了个学习班,我以为是给他上了夹板,其实上夹板的人是我啊!"说到这里,台下为人父母的听众纷纷点头,因为他们想起了接送孩子去各种学习班的麻烦事儿以及孩子的叛逆心理,而培训师则顺着大家的话茬,不显山不露水地暗示他给孩子报名的学习班有临时托管的特定服务,等到演讲结束后,一大堆听众都过去打听,培训师成功地完成了营销任务。

自由转移话题之所以有"自由"二字，是因为很多话题之间的切换并不存在强关联，甚至可能没有逻辑关系，仅仅只是话锋一转，但这种转换依靠的是生活化的表达，而转移的话题也尽量是容易引起人们共情的，这样才会弱化突兀感。正如培训师不加铺垫地直接谈起了孩子的教育问题，这和前文没有逻辑关系，却是家长们最关心的话题，这种转换就不会引起反感。

第三，掌握"万金油"词库的技巧。

聊天不是作报告，必然会存在一些表达上、知识上和经验上的错误，而"无段法"的原则又是不事先拟出腹稿，那么演讲者在讲话的过程中免不了会言多有失。为了避免出现硬伤，造成不可逆的影响，我们就需要灵活使用一些"万金油"的词汇，让听众挑不出毛病。

1. 多用模糊性词汇

模糊性的语言可以避免前后矛盾，保持演讲内容的基本逻辑性。比如"我的心情比较复杂"就比"我的心情有些低落"要好很多，因为"复杂"的解释范围更加宽泛，可以包含"低落"，也可以包含"高兴"，这和你后面要表达的内容不相互冲突，甚至可以根据听众的反应进行临时性的调整。

2. 避免透露关键信息

每个人的知识面都不是全方位的，总会有知识的死角，而在聊天式演讲中可能会涉及知识盲区，这时正确的做法是顺着听众的话说下去，而不是贸然转向，这会增强演讲的破碎感，不利于和听众互动。比如你在即兴演讲中提到了一位作家，而在讨论环节，一位听众提到了与之风格相似的另一位作家并让你作出点评。你可以这样应答："我挺喜欢他早期的作品的，那时候他的表达还比较直接。"通常这类话很难被判定对与错，你可以从任意的角度进行解释，但就是不能提具体的某一部作品。

　　总之,"无段法"的精髓就是"毫无章法",永远不要让听众猜到你下一句说什么,这样才符合聊天的基本特征。而当你用随心所欲的表达去应对听众时,听众也会对你不设置心理防线,会畅所欲言地回答你提出的问题,而你也就有了了解听众心理状态和情绪反应的最好机会。这时再悄无声息地转换话题并接近主题,就能在无形中掌控演讲的走向和最终成果。

CHAPTER 3

第三章

话术选择：
选择最适合的表达方式

1

深刻型：言之有理

讲话的结构设计，决定了你的演讲的逻辑脉络，但最终呈现的效果如何，还要依靠你的表达方式。表达方式其实很好理解，它是指一个人日常的说话风格，比如深沉、幽默、通俗或者激情等。一般来说，每个人都擅长一种表达方式，但考虑到讲话的场合，也可以临时调整自己的表达方式，比如一个风趣幽默的人在正式场合最多开几句玩笑，并不能通篇玩梗讲段子；同样，一个作风稳重的人在朋友聚会上也不必时刻紧绷。总之，我们要想成为一个即兴演讲的高手，就要多学习不同的表达方式，这样才能游刃有余地在不同场合中选择最恰当的讲话风格。

我们先来介绍一下深刻型的表达方式。

这是一种适合于正式场合且要引发听众深度思考的表达方式，其核心要领是"言之有理"，也就是说通过演讲者的观点输出和理论剖析，让听众产生醍醐灌顶般的顿悟，改变他们对某一事物的认知，甚至改变他们对待人生的态度。想要成功驾驭这种表达方式，需要从以下三个方面入手。

第一，突出时代，刻画背景。

深刻型的讲话，通常都会关联一些社会现象，而社会百态又和时代背景有着密切联系，所以想要你的演讲主题具有深度，就要学会适当地站在时代的宏大背景下进行叙事，这样你输出的信息价值才能更上一层台阶。

知名媒体评论员汤嘉琛曾经做过一篇名为《商业化时代的"爱情买

卖"》的演讲。这本身就是一个引人深思的话题，当他谈到爱情在某些人眼中已经变成赚钱的工具时，没有主观地直接进行批判，而是上升到了时代背景中进行了论述："商业化的时代里，仿佛一切最终都能跟钱扯上关系。不久前，曾感动世人的'爱情天梯'女主角徐朝清去世，当地政府嗅到商机，计划投资 26 亿，将'爱情天梯'打造为一张闪亮的文化名片。在旅游经济持续升温的大背景下，一段类似'爱情天梯'的佳话，足以成为旅游开发的噱头……"

爱情天梯的故事被大众熟知，男主角耗费几十年的时间凿出 6000 级台阶，只为爱人能方便地上下山，无数人为之感动落泪，而当地政府不仅没有为民众解决基本的出行问题，反而还进行商业炒作，这确实是受到"商业化"思维影响的反面案例。

当然，即兴演讲没有充分的准备时间，所以演讲者也不必把注意力过多地集中在对时代背景的分析中，只需要挑出那些被大家所熟知并得到广泛认同的背景，通过它来增加主题的深度即可。除了时代背景，诸如社会思潮、生活风气等大框架、大角度的叙事方式也可以融入进来，让听众意识到演讲主题指向的不仅仅是一件事、一个人，而是很多事、很多人，这样思想的深度就被挖掘出来了。

第二，用词清晰，思维具象。

有些人选择了深刻的主题，却没有讲出深度，很大程度上和信息加工的方式有关：思维不够具象导致大量采用模糊的、抽象的词汇，听上去有些"高深莫测"，但其实无法让人聚焦思考，更无法产生共鸣。

曾经有两位教授在高校中发表了即兴演讲，巧的是两个人都选择了"吃外卖"这个主题，然而两人的表达效果却大相径庭。A 教授在上台之后先是提出了一个问题："为什么现在这么多人吃外卖？你们是否知道外卖的害处？"然后滔滔不绝讲了五分钟，大概意思是斥责"吃外卖的人主要是懒"，结果 A 教授讲完后，台下的学生却有些发蒙，因为他们不知道教授口中"吃外卖的人"到底是指哪些人,是针对现场的大学生还是仅仅谈论一种社会现象,而之所以大家会有这种感觉,是因为教授用词不够严谨精确,让听众搞错了思考的方向。但是接下来上台的B教授就不同了,他先是提出一个让大家如坐针毡的问题:"为什么吃外卖的年轻人变多了?"台下的大学生立即想到了自己,而接下来B教授没有笼统地斥责"懒惰",而是进一步具体化,把主要原因归结为"缺乏自律":因为不懂得自律,所以不会规划时间,错过了食堂最佳的打饭时间;因为不懂得自律,总想吃油腻过瘾的高热量食物;因为不懂得自律,所以才不介意大手大脚花钱的坏习惯……等到B教授讲完,在场的学生中有不少人都羞愧地低下了头。

言之有理的核心必须是言之有物,也就是要具体到一个能够看得见或者可以感知到得事物,越具体就越能验证理论是否正确。千万不要说出"努力一定会成功,如果不成功就是还不够努力"这种话,因为"努力"根本就没有具体的定义标准,这种讲话极度缺乏说服力,更不要说能达到何种深度了。

第三,直言感悟,发自内心。

一个思想深刻的人,绝不是只会转述他人言论的人。有的人总觉得自己能说服对方,其实是借助了名人的金句或者他人的论证,并非依靠个人的逻辑分析或者表达技巧。

一位高中班主任在高考前夕组织了一次家长动员会,本来是由年级主任过来讲话,结果有家长突然提出让班主任发表即兴演讲。班主任觉察到有一部分家长情绪低落,于是在讲话中说了这样一段话:"可能有的家长因为自己孩子成绩不理想,对高考失去了信心,这很正常,因为我爸我妈当年就是这么对我失去信心的。我高三那会儿整天看武侠小说,无心学习,结果什么好学校都没考上,当时我以为我这辈子就这样交代了,没想到我爸对我说:'武侠小说里不是总有主角掉悬崖不死还成为高手的故事吗？现在的你就好比掉悬崖了，但是你有主角光环，你想不想趁此机会成为高手呢？'我听到这里茅塞顿开，果断复读了一年，终于考上了一所还不错的师范大学。"

这位班主任从自己的经历出发，又巧妙地借助了武侠小说里"主角掉悬崖"的经典桥段，用真实案例鼓励和安抚家长，帮助他们正确看待孩子高考失利，重拾信心，这样的感悟结合主题就会深邃许多。

深刻型的表达不是故作高深，也不是贬低对方，而是平心静气地拿出论据可信、论证可靠的有价值信息，通过信息对称的交流让对方接受你输出的观点并久久难忘，这才是它的魅力所在，因为唯有深刻，人生才拥有了厚重感。

2

幽默型：活泼生动

美国著名笑星鲍勃·霍普曾说："题材有出色和平庸之别，但我知道如何通过语言的表达，来使普通的话题变成很棒的笑话。"

对于大部分听众和大部分场合来说，幽默的表达方式永远是最受人欢迎的。一个幽默风趣的人，能够把看似最普通的演讲主题变得妙趣横生；相反，一个天然具有吸引力的演讲主题，也会因为平庸的表达技巧变得枯燥乏味。那么，如何掌握幽默这门表达技巧呢？我们可以试着从以下三个方面入手。

第一，充分发挥语言的艺术。

幽默包含着两个层面：一个是内容幽默，另一个是叙述幽默。前者是指在表达中说出了一个令人捧腹大笑的段子，后者是指用幽默的方式去阐述一件普通的事情。对于演讲者来说，后一种幽默才是最实用的，因为它可以贯穿你的整个演讲，毕竟你总不能一刻不停地讲笑话，这就是幽默过了火。

那么，如何掌握语言的艺术呢？其实最实用的方法就是让语言充满活力，变得俏皮。下面我们来看两段对话：

对话A

甲："兄弟最近缺钱花，能不能借一万？"

乙："实在抱歉啊，我老婆当家，我没法借给你。"

对话B

甲："兄弟最近兜有点紧，能不能借一万？"

乙："你兜紧，我老婆的手更紧啊。"

通过对比可知，对话 B 明显更幽默风趣，因为它用一个"紧"字来描述了乙的经济状况。我们常说的说话死板，其实就是平铺直叙，不进行任何艺术加工，而幽默就是要跳出常规思维，用活泼生动的方式去表达，从而产出笑点，吸引听众的注意力。

当然，语言的艺术包含范围很广，不仅仅是让遣词造句变得俏皮有趣，也要充分利用一些转折、抖包袱之类的相声技巧，在平淡的叙事中增加一种独特的喜剧色彩。

一位成功人士回到母校投资，在进行了正式的演讲之后，在聚餐环节又受到了学生们的赞扬，他们邀请成功人士进行了一次即兴演讲。由于此时气氛比较轻松，面对的也都是学生，成功人士就微笑着和大家聊起了大学恋爱这个话题："其实啊，我是非常支持你们在学校里谈恋爱的，尤其是咱们学校男女生比例特别均衡，不像工科学院全是汉子，又不像师范学院都是妹子，所以我上学那会儿就没错过这个机会。只不过那时候我就是一个普通得不能再普通的傻小子，但是我想通过勇敢地恋爱一次来证明自己，于是就锁定了我们系里的一个女生，据说是 100 名系花之一，别不当回事，我们系有 101 个女生呢！"成功人士讲到这里，台下的学生已经笑成一团，接下来，成功人士就"恋爱与学业"进行了风趣诙谐的分析，引得同学们掌声不断，现场气氛被推到了高潮。

第二，**勇于自嘲，笑点真实可信**。

语言的艺术需要在日常的交流中慢慢领悟和积累，但是自嘲的艺术拿来就能使用。或许有人不愿意以"牺牲自我"的方式博取听众一笑，然而自嘲的意义并不局限于贡献笑点，而是通过自黑的方式来拉近演讲者和听众的心理距离，让大家觉得你是一个和蔼可亲的人，这种亲近感会帮助你有效地传递信息。相反，一个只能拿别人的故事制造笑点的人，会被听众认为缺乏礼貌和素养，纵然讲的段子再好笑，大家也不过是把你当成脱口秀演员而已。

比尔·盖茨曾经应哈佛大学邀请，在一次毕业典礼上发表演说。不过大家也都知道，盖茨和哈佛之间的关系很微妙，因为他中途就辍学去创办微软了，所以没有获得任何学位，不过哈佛还是出于盖茨的世界影响力而把他誉为"哈佛大学历史上最成功的辍学生"。在演讲当天，盖茨就把自己的这段"黑历史"当成了笑料对同学们说："我为今天在座的各位同学感到高兴，你们拿到学位可比我简单多了。"这番话说完立即引发一片笑声和掌声，同学们这才发现盖茨丝毫没有世界级成功人士的架子，反而十分平易近人，这就为盖茨下面的演讲做了铺垫："你们知道我为什么会被邀请在你们的毕业典礼上演说吗？我想在所有哈佛大学的辍学生中，我是做得最好的，所以我有资格代表我这一类学生讲话。同时，你们应该庆幸，我没有出现在诸位的开学典礼上，因为我是个有恶劣影响的人，我曾经使得微软总经理也从哈佛商学院退学了。"说到这里，学生们再度爆发出一阵掌声和笑声。

实际上，盖茨的这种幽默演讲并非只是为了插科打诨，要知道哈佛大学的学生个个都自认为是天之骄子，即便盖茨是社会名流，但这些学生也并不想听到他吹嘘自己的创业经历或者谆谆教诲。于是盖茨选择了自嘲与自黑，消除他与师生们的天然隔阂，从侧面去赞颂哈佛的开放性和包容性。

第三，擅用肢体语言。

但凡被认为有幽默天赋的人，大概率也是一个表演大师，这和演讲也有很多相同之处。很多演讲高手不仅口才出众，也善于用肢体语言和听众交流，让他们表达的内容变得更加生动直观。同样讲述一个段子，是否运用肢体来表现，其效果是截然不同的。

一位企业培训师为新来的员工进行职业培训，他知道面前的新员工有不少是来自名牌大学，多少带点自负，于是他以自己的视角进行了一次即兴演讲："今天看到你们，我就像照镜子一样，不过照出来的是十年前的自己。那会儿我也是从985毕业出来的，刚进公司的时候觉得自己就是中流砥柱了，然后就主动接了一个大单，自认为能搞定客户，结果掉进了一个大坑。我以为我能爬出来，毕竟我有名牌学历，有大厂实习经验，结果爬了半天，发现那坑也是在大厂实习过的，专坑985毕业生。"培训师一边说一边做着向上攀爬的动作，从最初的自信满满到最后的绝望透顶，肢体语言非常真实，把名校毕业生那种盲目自信与实践后的狼狈展现得淋漓尽致，不仅让新员工会心一笑，又为纠正他们的认知误区作了合理的铺垫。

幽默的表达方式有很多技巧，也有不同的切入点，每个人都可以根据自己擅长的方式去发挥。比如有的人博览群书，看过的经典笑料很多，那就可以随口讲个段子；再比如有的人社会阅历丰富，总能接触到三教九流，那不妨用发生在他们身上的逸闻趣事活跃气氛……归根结底，幽默更像是一种生活态度和生活方式，当你刻意地去幽默时，往往不会引起自然的笑声，而当你把幽默注入到要表达的内容中，它才真正成为演讲的一部分，才能博得听众发自内心的笑声。

3

坦诚型：自然无痕

如果说演讲结构设计的最高境界是"无段法"，那么演讲表达的最高境界就是自然无痕。简单说，聊天式的讲话方式是最能让听众感到舒适的，既不过分刻意，又不过分随意，用看似"没有表演痕迹"的方式进行最精彩的表演，给人一种真实的坦诚之感。

当然，坦诚型的表达要尽量符合演讲者的人设：如果你是一个气场十足的人，那就不要刻意追求"平易近人"，展现出你"真实的气场"就是自然无痕。同样，如果你是一个温柔娴静的人，也不必追求在讲话时迸发出激情四射的魅力，温文尔雅的讲话方式对你来说才是最自然的。总之，自然无痕的奥义不是锁定在一种特定的风格上，而是让你的人设和表达方式相互契合，不要让听众觉得突兀和扭曲。

那么，怎样才能在演讲中表现出自然无痕的感觉呢？有四条实用法则可以参考。

第一，自然的眼神接触。

有的人之所以讲话时会产生一种"不自然感"，最突出的问题就是眼神和听众的接触不够自然，要么完全不看听众，怪异地抬头看向上方，要么像扫描仪一样来回扫视听众，总之就是视线或者固定或者乱飘，一眼看上去就知道内心紧张，没有进入放松状态。想要解决这个问题也不难，当你走上台之后，可以把眼前的听众用九宫格作为滤镜，也就是让视野被划分出九个区域，在每个区域里都进行短暂的、均衡的视线停留，这就会给人一种自然放松的感觉。

第二，自然的身体动作。

眼神是内心世界的反映，肢体动作同样也是。要想给听众自然无痕的表达效果，演讲者就要将自己自然地呈现给听众：站直身体，重心均匀地分布在两条腿上，两腿之间可以留出大约10厘米左右的距离，双手通过自然摆动的方式进行辅助表达。如果你弄不清这究竟是何种姿势，那就不妨回忆一下和朋友聊天时你的身体姿态。除此之外，演讲者也不要木讷地站在原地不动，可以适当地走动，就像和老友聊天时那样，通过身体位置的变化向听众传递不同的信息内容。

第三，自然的声调变换。

在日常交流中，每个人的声调变换都是自然的，这是因为我们处于绝对放松的状态，所以根本不必进行主观上的控制。但是一旦进入演讲状态，特别是即兴演讲这种事先并无充分准备的情况，我们的声调就会变得单调枯燥，缺乏情绪感。那么，要想保持和日常交流时相同的自然声调，我们除了要克服内心的紧张之外，还要有意识地校正我们的声调："我现在讲话是不是太过平铺直叙了"，或者"我这样讲话听众是不是感到正在被催眠"，通过自我反馈来改变声调不自然的状态。当然，最直接的办法就是根据自己的演讲内容为其注入恰当的情绪。比如，当你正在向听众讲述自己的求学经历时，可以把那些特定的情绪充分表达出来："我那会儿家离学校很远（平淡），每天都要走十几里山路，特别害怕下雨（忧虑），因为一下雨脚就容易打滑，一不小心就会掉进山沟里（低落）。后来班主任知道了我的情况，就给我在学校附近找了一间小房，当时我那个高兴啊（激动），结果一打听每个月要200元，相当于我家半个月的生活费（悲伤）……"这种随着演讲内容变化的声调就会恢复日常交流的自然感，能够让听众很好地被代入你的故事中。

第四，自然的节奏感。

或许很多人都能意识到调节声调的重要性，却容易忽视演讲的节奏感：语速要么过快要么过慢，虽然感情是饱满的，但缺乏合理的节奏变化，让听众听得很不舒服。一般情况下，演讲者在心理紧张时语速会普遍过快，给人一种喘不过气的感觉，这样一是让听众无法消化你表达的内容，二是让演讲变得急促混乱，因此，我们要学会有意识地控制表达的速度。比如，当我们向听众介绍重要的概念时，就应降低语速，就像父母在教育子女时那样，细声慢语地讲道理，听众才有时间去理解。而当我们在讲比较轻松的话题时，语速就可以适当加快，展现出一种喜感。

美国前总统林肯被认为是演讲大师，他的演讲之所以成功，其中一个重要因素就是他善于掌控节奏：当他想要强调某个单词或者句子时，会故意把声音拉长，一字一句都说得很重，相当于五六句不那么重要的句子的时长。我们可以用林肯的这个节奏标准来调节自己的语速。

除了掌控语速之外，懂得适当地停顿也是一门技巧。还是以林肯为例，他在演讲中如果谈到了某个要点并希望听众对此产生深刻的印象时，他会忽然保持沉默，同时身体前倾注视着听众，这会让听众的注意力瞬间增加，迫切地想要知道林肯接下来会说什么。

林肯和著名演说家弗雷德里克·道格拉斯曾经进行过有关黑奴制度的大辩论，在一次辩论接近尾声时，道格拉斯此时已经占据了上风，就在台下的听众认为林肯会落寞地离去时，林肯忽然停顿下来，沉默了整整一分钟，最后用一种单调的声音对听众说："朋友们，不论是道格拉斯法官或是我被选进了美国参议院，那无关紧要，但我今天向你提出的重要问题才是重要的，它胜过任何个人利益和任何人的政治前途。朋友们！"说到此处林肯再度停下来，而听众的注意力又被调动起来，随后林肯说："就算是道格拉斯法官和我自己的，那可怜、脆弱、无用的舌头已经在坟墓中安息时，这个问题将仍然存在、呼吸和燃烧。"这番话讲完，在听众中引发了强烈的反响，林肯掷地有声的结论冲击着每个人的心灵，人们开始认真思考奴隶制给美国社会带来的种种负面影响。

自然无痕的表达方式很大程度上要经过日常的练习才能养成，因为只有通过积累经验，才能让我们表现的自然恰到好处，否则只会画虎不成反类犬，让听众更加难以适应。那些演讲高手们的自如演讲，其实都是无数次练习以后的成果。

众所周知，乔布斯的演讲风格以轻松自然著称，但他并非一开始就能驾驭这种风格。在20世纪70年代，乔布斯第一次接受电视采访时甚至产生了呕吐感，直到1984年在麦金塔电脑发布会上他都表现得相当拘谨，只能按照事先准备好的稿子一字一句地念。不过，随着乔布斯演讲经验的积累和台下的刻苦训练，他终于成为最擅长演讲的企业领导者，这就是千锤百炼后的成果。

虽然即兴演讲不会给我们事先准备的机会，但我们可以把即兴演讲当成是人生中随时都会出现的挑战。因此在日常生活中要有意识地进行训练，才能在关键时刻发挥重要作用。

在《道德经》中，老子说过这样一段话："人法地，地法天，天法道，道法自然。"不论是演讲还是其他事物，最高的境界都是自然，这是一种哲学思辨，也是一种生活态度。用亲切自然的表达去接近听众，就能让听众感受到一种珍贵的坦诚，它不带有功名利禄的色彩，也不掺杂矫揉造作的痕迹，听过之后既能让人内心舒畅，又能产生琴瑟共鸣的升华。

4
干练型：简短有力

1984年，洛朗·法比尤斯当选法国总理，本来人们会以为他要发表一番长篇大论，结果他的演讲却短得惊人："新政府的任务是国家现代化，团结法国人民。为此要求大家保持平静和表现出决心。谢谢大家。"当法比尤斯转身回办公室时，在场的听众甚至还没有意识到演讲已经结束了，却深深记住了新总理说的话。

即兴演讲的一个重要原则就是"有话则长，无话则短"，因为即兴演讲往往都带有突发性、偶然性和随机性，演讲者一般没有心理准备，听众同样也没有心理准备，不能像正式演讲那样做精心的内容设计和现场安排。如果在这种情况下贸然发表一番长篇大论，就可能造成听众的不适应甚至是反感，对演讲者来说也会带来巨大压力。

美国有一位医生，一天晚上在布鲁克林的大学俱乐部进行演讲，当时已经有很多人上台讲过话了，轮到医生上场时已经是凌晨时分，然而医生却滔滔不绝地进行了一场长达45分钟的演讲，结果还没有讲完就听到台下的起哄声，大家声称要把医生从窗户扔出去。虽然这位医生的演讲主题是反对活体解剖，具有一定的学术意义和社会价值，但错就错在不懂得精炼内容，导致了演讲的失败。

和这位医生相反的案例是林肯，他曾经在葛提斯堡为纪念一次战役胜利和庆祝国家烈士公墓建成的大会上发表了演讲，以林肯的身份和涉及的主题，演讲一个小时都不算多，然而林肯只讲了不到3分钟，一共10句话，甚至记者连拍照都来不及。不过，虽然时间短暂，但林肯却清晰地点出了主题——"民有、民活、民享"，这是当时比较先进的资产阶级民主革命思想。由于内容紧凑、词语精炼且逻辑严谨，这次演讲产生了强大的号召力，在场的数万名听众爆发出了山呼海啸般的掌声。

总有人错误地认为，演讲的时长越长，越能把主题说清楚；也有人受制于讲话结构设计，采用"四段法"或者"三段法"进行演讲，结果不能控制每一个环节的时长，导致演讲内容被无限"注水"，当然会引起听众的不满。实际上，只要你懂得充分概括，三言两语说清楚一个主题也不是难事，因为你不需要把每一个细节都解释清楚。另外，讲话结构设计只是让你把演讲内容分为几个步骤，并没有规定每个步骤要占用多少时长。比如"故事引导"，你可以不必详细讲述一个故事，也可以用大家都熟悉的故事作为引导："大家都听过小马过河的故事吧？今天我要说的人就是那匹'小马'……"所以，时长永远都控制在你自己手中，不要被条条框框束缚了手脚。

那么，如何让演讲变得简短有力呢？我们可以遵循以下四条原则。

第一，少用套话，禁用空话。

有些人习惯了打官腔式的演讲，一开口就是程序化的内容："今天是个让人高兴的日子，承蒙主办方邀请，能够有幸参加这样一场盛大的活动，也有幸认识各位，此时此刻我的心情也是无比激动的……"这里的套话并非完全多余，有些是必要的，但不可照单全说，应该适当精简一下："感谢主办方的盛情款待，今天我和大家一样心潮澎湃地参加本次活动……"通过适当缩句去掉不必要的内容，既保留了应有的礼貌，又不会让演讲变得冗长乏味。

套话少说但不能不说，而空话则是完全不该说。空话的定义是"没有任何意义的话"，既没有内容也不涉及礼节规矩："明年咱们公司就是成立十周年了，再过十年就是二十周年，那时候我们更应该好好组织一次活动，然后展望一下三十周年……"这段话中的"无限展望未来"

就显得十分多余，因为它无法让听众感受到任何实际内容，是典型的空话，千万不要出现在演讲中。

第二，切忌重复，去掉累赘。

前面我们提到为了强调重点，可以采取"重要的事情说三遍"的表达方式，但那只能是针对重点内容，而非所有信息。有的人发表演讲时，不懂得进行信息筛选，主观地认为自己说过的每一句话听众都应该记在心里，于是就不断地重复，让听众不胜其烦。当然还有的人不是有意重复内容，而是说一句忘一句，无意中说了很多废话。那么，我们就要针对这两种情况采用不同的解决办法。

一是学会筛选信息。在你准备演讲之前，把你要讲的内容用一句话概括出来。比如"今天要讲员工的办公纪律问题"，那么和这个主题相关的内容才是你要表达的，可以适当重复其中最重要的一句，如"公司最近要严抓考勤"或者"违反纪律要进行惩罚"，至于其他的内容则一句带过。这样，你的演讲主题才能清晰，演讲内容才能呈现出层次感，也就不会有多余的信息了。

二是学会梳理结构。所以会说一句忘一句，并非记忆力不好，而是演讲缺乏逻辑性，想到哪里就说到哪里，自然容量忘掉之前说过的内容。虽然即兴演讲没有太长的准备时间，但总会有至少几分钟的准备时间，这时你就要在脑海中构思一下讲话的结构，比如采用"两段法"：先提出"我不同意频繁上门走访客户的策略"，然后和大家分析"有节制的客户回访才能有效留存客户"的结论。由于事先梳理了结构，你的讲话就有了基本的逻辑走向，从而避免说重复的、无意义的话。

第三，避免跑题，聚焦主线。

演讲最怕两种节外生枝，一种是跑题，另一种是过于专注细节。

跑题是因为没有事先规划好演讲的结构，导致在推向主题时偏离了方向。又或者是因为自己感兴趣于某个领域而跑偏了，比如在讲述员工素质养成时提到了一本书，结果顺着这个话题讲了这本书的全篇内容，却和主题关联不大。总之，跑题还是因为未能拟好腹稿，演讲时过于随性而缺乏约束导致的。

过于专注细节，是指演讲的大方向是正确的，只是陷在了某个细节上太久，迟迟不能回归主线。比如在讲到营销方法时提到了"视觉营销"，本来只需要简单介绍一下，却从色彩、色调、构图、视觉主题、镜头语言等多个细节入手，活生生把演讲变成了培训课程，听众只会一脸发蒙地看着你。因此在演讲中，我们要有意识地进行"实时监控"，看看自己是否做到了"点到为止"，始终聚焦在主线上。

第四，避免口头禅。

有些人思维清晰、用词准确，也从不跑题，但演讲同样让人心烦，就是因为大量堆积了口头禅，总是把"对不对""是不是""这个那个"之类的话加入原本精炼的句子中，偶尔说一句还好，可如果通篇都是，对听众来说就是一场折磨，也会在客观上增加演讲的时长，让人觉得废话太多。所以，我们在日常交流中就要留意自己是否有口头禅，发现存在问题后马上改进，不要让它成为我们的表达习惯。

简短有力的演讲，就是用最经济的语言手段来输出信息量，让听众在最短时间内获取更多、更有价值的信息。现代社会，无论是工作节奏还是生活节奏都普遍加快，每个人的时间观念都比以往更强，简短的演讲和干练的表达方式，更能给人一种活力四射的感觉，你所传递的信息也就变得更有价值感和力量感，这正是我们努力追求的演讲效果。

5 创意型：语惊四座

如今，我们生活在一个追求个性的时代，一个缺乏自我特质、只会模仿别人的人，很难给他人留下深刻的印象，无论在工作中还是生活中都会处于劣势。而即兴演讲则是展现我们独特性的最好机会，我们可以通过富有创意的讲话和表演，让听众在最短的时间内记住自己，从而为我们打造一张通行于人际关系网的社交名片。

当然，有创意的演讲和有创意的广告一样存在着创作门槛，但我们不必为自己设置太高的难度，只要在内容或者方式上有别于其他人，能够产生一种"语惊四座"的独特感和新鲜感就足够了。简言之，要让你的演讲有亮点，下面我们介绍三种常用方法。

第一，破旧立新。

从演讲内容的角度看，有新意的观点就是最大的亮点，因为它往往决定了你的主题高度，也决定了对听众的吸引度。当然，我们不能为了破旧而破旧，传统的观点未必都是错的，我们要做的是把那些不符合时代发展潮流的陈旧观点拿出来进行批判，这样的立新才更有意义，也更容易被听众所接受。

那么，如何能找到立新的观点呢？其实最简单的办法就是观察和分析现有的观点，试图找出其中的局限性和落后性，同时结合社会的发展变化对其进行纠正或者补充，这样一个崭新的观点就能产生了。当然，如果你并不具备系统的逻辑分析能力，也可以在旧理论的基础上找到一个新角度，这样也是一种创新。

某公司一位负责人在早会上被临时邀请发表即兴演讲，他环视了一周后说："最近咱们公司一直在抓请客户吃饭的问题，因为一些业务员花了不少钱却没有效果，所以想要压缩成本。但也有一些员工反映，这样做会弱化客户攻坚的力度，让竞争对手钻了空子。其实我倒是觉得不必从成本端去逼迫业务员，而是要从营销端要求业务员多了解一下客户，知道他们不吃什么，然后绕开这些菜品去点相对便宜实惠的，这不就节省了不少开支吗？咱们有些业务员就是因为不懂客户的偏好，一个劲往贵菜上面招呼，花得不少，客户还不满意，这才是问题的根本所在。"

这位负责人没有站在公司财务的角度去限制业务员的公关行为，而是从营销角度再次提出了那个经典问题——"了解你的客户"。这就是一种角度和观点上的创新，容易被大家接受，也可以拿来指导实践。

第二，借物寓意。

从演讲技巧的角度看，采用不同的方法描述同一件事，留给听众的印象也不同。其实很多时候我们很难真正提出一个让人眼前一亮的新观点，那我们不妨改换一下表达方式，也一样能够产生"语惊四座"的效果。

某企业组织了一次头脑风暴会议，一位部门的副主管想要就员工创意不足的问题发表看法，于是就开门见山地说："咱们很多员工现在思维十分固化，做方案，就是把以前的方案拿出来当成模板，随便改了改就交上来，毫无创意可言。和客户交流也是万年不变的话术，完全不懂得'针对性'和'定制化'，营销效果很差。所以你们必须要跳出传统思维，别被以往的经验束缚了……"副主管说到这里，台下的很多员工已经有昏昏欲睡之感了。

副主管说得没有道理吗？当然不是。但问题在于他的表达方式太过寻常，缺乏新意，通篇都是教育的口吻，很难给员工真正的启发和动力。有意思的是，在副主管说完之后，主管马上站起来对大家说："我先问大家一个问题，你们都看过马戏团表演吧？"员工一听顿时都来了精神，纷纷点头，于是主管继续说："那你们肯定也见过大象被细细的绳子捆住腿的场面吧？但是你们一定会好奇，这么细的绳子真的能锁住几吨重的庞然大物吗？其实啊，这是因为大象在小的时候就被同样粗细的绳子捆住了，那时它们力气小，挣脱几次都失败了，后来它们长大了，也习惯性地认为自己摆脱不了腿上的绳子。"主管说到这里员工都听得津津有味，这时主管话锋一转："所以我希望呢，你们不要成为马戏团的大象。"直到这一刻，员工才明白主管讲的这个故事的寓意所在：人不能被惯性思维束缚，要批判性地看正在变化的时代和环境，才能有机会改变现状。

主管和副主管的演讲主题都是一样的，甚至从理论层面来看，副主管说得还更加透彻，但是从最终的演讲效果来看，主管的借物寓意显然更能产生语惊四座的效果。

第三，鲜活生动。

有的人只要讲话，听众就十分爱听，这未必是演讲者真的能提出让人耳目一新的观点，而是他们善于表达，能够把一件枯燥无味的事情说得精彩纷呈，这同样也是一种表达技巧的熟练应用。

一位教授在参加学生活动时，被邀请进行一次即兴演讲，教授简单梳理了一下思绪就走上了讲台："我想问大家一个问题，咱们中国有多少个民族呢？"台下立即有学生抢答："56个！"然而教授居然摇了摇头表示否定："错了！现在是57个了，还有一个新增加的叫低头族！"同学们听到这里顿时哄然大笑，教授接着讲："我每天在咱们学校里，能看到至少几十个低头族，他们刷手机的时间远比看书要多，所以我非常庆幸，我上学那会儿没有智能手机，想要打发时间只能去图书馆看书，很多知识就是那时候积累的。只可惜啊，那个年代的'借书族'现在消失喽！"教授诙谐生动的讲述让台下的同学们不再发笑，有的人已经在默默地进行反思：我们是不是真的浪费了太多宝贵的光阴呢？

试想一下，如果教授仅仅是从教育年轻人多看书的角度出发，这样的讲话能引起同学们的认真反思吗？显然很难。只有生动形象地描述大家司空见惯的事情，并提出一个有意义的问题，才能起到直击心灵的作用。

创意型演讲比较考验演讲者的逻辑思维能力和口语表达技巧，不过这并不意味着它无法被驾驭。只要你在日常生活中多观察社会发展，多观察人情世故，总会产生一些属于你自己的感悟。它们未必绝对正确，但只要在某个角度能站住脚且解释得通，那就可以分享给听众。哪怕会被人提出质疑，也总好过拾人牙慧和老生常谈，因为创意型演讲的关键不在于是否说服听众，而是让听众感受到你和其他演讲者的不同之处。

6 煽情型：直戳泪点

人非草木，孰能无情。人的所有心理活动都离不开情感的伴随，情感就是一种强大的驱动力，是人类改造客观世界的内在力量。对于演讲活动来说，情感的作用不容小觑，它既可以让演讲者本人在情绪的驱使下发表高亢振奋的演讲，也可以让听众在情绪的感染下深刻理解演讲主题。

一般来说，即兴演讲总是要传递演讲者的某种观点看法，所以有人就铆足全力进行思想宣贯，却忽视了一个基本法则：想让人的思想发生触动和转变，首先要刺激对方的情感，正所谓"通情才能达理"。如果听众对演讲者的观点无法产生心理上的共鸣和情感上的波动，那么纵使演讲者说得再有理有据，也很难让听众真正接受，而这涉及演讲的一项重要技巧——煽情。

强烈的、带有爆发性的感情，会为演讲内容增光添彩，也会促使听众进行深度的思考。尤其是很多即兴演讲的场合会有很多熟人，有着共同的经历和回忆，饱含深情的表达方式会进一步拉近演讲者和听众之间的距离。一个善于运用表达技巧的演讲者，通常也是善于运用情感力量的"表演者"，他们能够有意识地抓住演讲中的一些"动情点"来感染听众，打动听众，有效地唤起他们的情感共鸣，从而让演讲取得最佳效果。下面，我们就来介绍一下能够产生"直戳泪点"效果的三种手段。

第一，将深情贯穿演讲始终。

想要戳中听众的泪点，演讲者就要将深情充分注入演讲内容之中，从演讲的主题到演讲的观点,从演讲的叙述到演讲的结论,乃至收尾的升华。当然,受限于个人风格的不同,感情元素的表现方式也千差万别,性格直爽的可以大开大合、直抒胸臆,性格内敛的可以委婉巧妙、借物喻人,总之,要使用你最擅长的方式。

在一次同学聚会上,当年的班长被邀请上台即兴演讲。班长简单整理了一下思绪,然后对大家说:"时间过得真快啊,距离毕业已经快30年了,我记忆中那些生龙活虎的室友们,现在都已经为人父母,有了皱纹,有了白发,那些少男少女的形象只能留存在那褪色的毕业照里了。更遗憾的是,有些同学永远没机会参加这次聚会了。不过我们也不必伤感,毕竟他们永远留在了最美好的青春岁月。来,让我们唱一首大家最喜欢的《当年情》……"

在这段演讲中,班长以"时光不复,斯人已去"作为主题,处处都戳人泪点,而擅长歌唱的他又通过音乐来带动现场气氛,顿时就把演讲推向了高潮。当然,如果是一位性格偏内向的演讲者,也可以通过朗诵诗歌的方式抒发情感。

第二,使用带有情感色彩的语调。

语调在表达中的作用非常明显,甚至很多时候会超出语言本身所代表的情感。同理,一次情绪饱满、催人泪下的演讲,往往会包含惊讶、悲愤、自豪、失落等多种情绪,它们汇集在一起才有了震撼人心的作用。那么作为演讲者就要学会采用不同的语调去表达这些情绪,让听众感受到一种强大的冲击力。

闻一多生平的最后一次演讲中,就在语调中注入了强烈的感情色彩,让在场的听众无不震动,产生了强烈的共鸣:"今天,这里有没有特务?你站出来!是好汉的站出来!你出来讲!凭什么要杀死李先生?"在这一连串的质问中,闻一多通过前后两个掷地有声的反问和三个短促紧凑的感叹句,给敌人以强大的精神层面的震慑,同时也表达了一种面对死亡威胁无所畏惧的大无畏精神，更是唤起了在场听众对逝者的惋惜和悲伤，起到了打击敌人和鼓舞人心的作用。

第三，善用注入情感元素的词语。

除了要善于使用合适的语调之外，选择正确恰当的词语也至关重要，毕竟语言是情绪的载体，不同语义的词汇对听众的触动效果是完全不同的。比如，在赞扬他人时要用带有强烈褒义色彩的词汇，在斥责他人时要用犀利尖锐的词汇，在惋惜他人时要用细腻动情的词汇……灵活多变地进行组合，才能让感情色彩丰富不单调，具有强烈的表达效果。

林肯在成为美国总统之前是一位律师，有一天他接待了一位老妇人。老妇人是烈士遗孀，却被出纳员要挟必须交手续费才能领到抚恤金。开庭之后，出纳员矢口否认，因为他并没有被抓住关键的把柄，然而等到林肯发言时情况就完全不同了。他先是用赞扬的词汇描述了烈士们如何在冰天雪地中战斗的情境，顿时引起了听众的敬仰之情，随后他发表了一番陈述："现在事实已成了陈迹。1776年的英雄，早已长眠地下，可是他那衰老而可怜的遗孀还在我们面前，要求代她申诉。不消说，这位老妇人从前也是位美丽的少女，不过，她已牺牲了一切，变得贫穷无依，她们不得不依靠先烈，用先烈争取来的自由，向我们请求援助和保护。试问，我们能熟视无睹吗？"在这让人动容又怒气十足的发言中，听众被连续戳中泪点，有的人眼圈泛红，有的人甚至要去撕扯被告，也有的人当场慷慨解囊，最后在听众的要求下，法庭通过了保护烈士遗孀不受勒索的判决。

老妇人的身世是凄惨的，但如果没有林肯精确的词语描述，那听众不过是得知了一个普通的事迹罢了，很难产生发自内心的共情。因此，在日常生活中锤炼表达能力，熟练掌握词汇的运用技巧，对演讲的煽情效果至关重要。

需要注意的是，煽情要掌握好尺度，不能为了煽情而煽情。像阔别多年的朋友重逢、毕业三十载的同学聚会，这些本来就自带泪点，煽情是被允许的，但像新生见面、新员工入职这种场合，既没有震撼人心的事迹，也没有较深的情感联系，煽情就显得毫无必要了。归根结底，煽情看似是走的感性路线，但支配感性的却是理性，也就是说演讲者必须时刻围绕主题进行煽情，同时注意煽情的尺度和频率，否则就会把好好的泪点变成了喜怒无常，只会让听众恐惧，却无法产生共鸣。

一次成功的即兴演讲，不仅需要演讲者和听众在思想上进行交流，更需要在情感上进行"置换"：演讲者把自己的情绪感染给听众，听众再将自己的感动反馈给演讲者。只有经历这个闭环的过程，双方才能在心灵层面完成契合，进而就某个观点、某个事件达成共识。

7

激情型：一呼百应

一场激情四射的演讲，或许是很多人心目中对演讲最直观的定义。的确，和深刻型、幽默型等表达方式相比，演讲者对台下听众的情绪激活似乎更符合演讲的本质特征，毕竟激情型的演讲意味着听众不仅接受了你的思想观点，同时也成为你的"战友"。只有在认知层面达成一致，才能在情绪上以亢奋的形式来凸显你们的精神连接。

作为一门语言的艺术，演讲成功与否的一个重要标志就是"感染力"，这是演讲的灵魂所在。而能够让听众一呼百应的演讲，必然是在感染力方面达到了成功。那么，我们就要尝试掌握让演讲激情四射的技巧。

第一，讲话充满激情。

激昂慷慨的声音会让听众感受到鲜活的生命力。当你向听众传递自己的价值观时，这个要素的存在与否就显得尤为重要：如果你的声音平淡无力，听众会觉得就连你对自己的观点都不够自信，怎么可能会认同你的演讲内容呢？只有增强声音的感染力，时刻注意自己是否在用激情和听众对话，才能达到最佳的演讲效果。比如，在表情管理上，你不能板着脸孔和听众对视，这样无法让人觉察到你内心情绪的变化。正确的做法是要随着演讲内容的变化而变化：时而激昂，时而平静，时而兴奋，时而充满期待，这样的情绪连接和转折才能充分调动听众的情绪。

此外还有一点需要注意，那就是过长的演讲会让讲话者越来越疲惫，所展现出来的激昂慷慨也会被削弱，容易让听众感到厌倦。所以一定要尽量减少时长，最好控制在五分钟左右，这样才更容易保持自己和听众的激情指数。

第二，向听众坦露心声。

正如我们常说的"言为心声"，对于激情型的演讲来说，听众能否热血沸腾，和演讲者自我表达的开放性有关：越是和听众推心置腹，就越容易换来听众的好感，进而让他们跟随你的情绪产生心理上的变化。反之，如果演讲者一味地掩盖真情实感，只会说一些套话、场面话，那听众也只会无动于衷地看着你，难以被拨动情感之弦。

印度前总理英迪拉·甘地夫人在出席一次活动时，被主持人突然要求讲话，让她毫无准备，因为她原本是一个不善言谈的人。不过经过考虑后她还是大方地走上前台，绘声绘色讲述了自己在非洲铁路工人生活区访问的经历，期间她看到了那里糟糕的工作条件和生活环境，让她对工人的处境十分同情。说到最后她情绪愈发激动起来，号召人们多多关注这些工人的悲惨生活，话音未落，全场掌声雷动。甘地夫人以朴实的语言和真实的情感表达让人们了解了世界另一个角落里的生活景象，这次即兴演讲起到了很好的效果。

第三，掌握语言技巧。

激情不单纯是情感的释放，也是表达能力的展现。同样的内容，在不同的人口中会产生截然不同的表达效果。下面我们就来盘点一下常用的语言表达技巧。

1. 多用排比句

排比句不仅在作文中会有亮眼的表现，在演讲中同样有出色的发挥空间。排比句是用句法结构相同的段落把两个或者多个事物进行对比，从而突出它们的共同点和不同点，通常会以递进的方式进行排列，最终呈现出一种大气磅礴的感觉，不仅演讲者自己朗朗上口，更能让听众直呼过瘾。比如下面这段话就很有表达效果："当一个人怀疑自己的时候，他忘记了建立自信是一种习惯；当一个人浑噩度日的时候，他忘记了阅读好书是一种习惯；当一个人悲观失望的时候，他忘记了建立自信是一种习惯！"

2. 要有抑扬顿挫

激情型的演讲需要在表达中掌握张弛有度的原则，也就是要在声调变化之外进行适当的停顿，这样才能给听众消化观点、酝酿情绪的时间。有些人不懂得激情演讲的精髓，误认为一股脑地说出一大段话就能点燃听众的情绪，殊不知这种填鸭式的表达往往会让听众"信息过载"，很难跟上演讲者的节奏。下面这段演讲就正确使用了抑扬顿挫的技巧："昨天我看了模范代表王树华的宿舍，收拾得干干净净，这说明了什么？（停顿）他是一个自律的人，我还看到了几本书整齐地摆在桌上，这又说明了什么？（停顿）他是一个爱学习的人。就是这样一个认真对待工作和生活的人为拯救他人献出了自己的生命，那么，我们这些还活着的人，能够做什么呢？（稍长的停顿）继续武装头脑，让这个世界更加洁净清明！"

3. 适当地发表评论

激情型演讲需要注入演讲者自己的思想，这种思想可以将感情作为载体进行爆发，从而达到征服听众内心的目的，让观点深入人心，让听众产生共鸣。比如下面这段演讲："这个月我们公司的销量持续下滑，很多人都觉得我们的企业没有前途了，可我不这样认为。一来是外部大环境的问题，二来是市场暂时进行调整，当然这两点也不重要，重要的是我们这些参加创业的老员工还在，是你们当年改写了行业销售纪录，是你们当年打出了一个响亮的新品牌。现在不过是进入了低谷期，可低谷过后，就是新的巅峰！"

4. 合理控制音量

在演讲之前，你要试着问自己：我的声音够洪亮吗？如果你平时讲话的声音偏小，那一定要在现场提高音量，因为一个细声细气的声音是无法让听众产生激情澎湃的感觉的。当然这也并不意味着音量越大越好，过高的音量会让听众产生压迫感，让情绪始终处于紧张状态，最终导致注意力不够集中，也无法和演讲者共情。所以，音量要达到一个刚好让听众清晰听到的标准。不过，这还不是最终技巧，我们还需要让音量自由地发生变化，就好像在听交响乐时感受到的声浪一样，要有变化和层次感，给人一种"心潮起伏"的感觉，进而才能达到"热血上涌"的效果。

激情型的演讲并非让我们成为一个会"打鸡血"的人，而是成为一个感情真挚且富有带动力的人。能够真实地阐述想法并表达感情，让听众走进我们的内心世界，在此基础上再加入语言表达的技巧，就会让听众在不知不觉间受到你的感染，最终实现"一呼百应"的演讲效果。

CHAPTER 4

第四章
掌控现场：
演讲者+主持人+销售员

1

场面控制：让听众关注你

演讲不是自说自话，而是需要和听众进行充分互动，现场状况的好坏会直接影响到演讲的最终效果。从这个意义上讲，一个善于发表即兴演讲的人，大概率也是一个善于控制场面的人。

或许有的人比较"自我"，认为听众无论作出怎样的反馈，自己都能雷打不动地按照腹稿把演讲进行到底，不会在意听众是否真的认同自己。其实，这种想法看似很"洒脱"，其实忽略了一个根本问题：如果不实时关注听众的反馈，你的演讲就不具有"现场意义"，不过是正在进行的"录像回放"罢了。因为你已经切断了和听众之间的联系，或者换个说法，听众对你而言只是一群练习对象。

当然，还有一种人会自信地认为，他可以通过演讲内容本身来吸引听众的关注。但问题在于，很多即兴演讲的现场往往比较混乱，听众根本就没有认真听你在讲什么，你又如何通过内容来抓取他们的注意力呢？所以，控场技巧不等同于演讲技巧，我们必须对它进行专门的学习和训练。下面，我们就来盘点一下场面控制的四种技巧。

第一，眼神控场。

眼睛不仅是心灵的窗户，也是气场的"出口"，正如很多教师在面对学生时有不怒自威的气场一样，演讲者面对听众也要有基本的"控制力"。当然这种控制力不能曲解为对听众粗鲁、野蛮的气场压迫，而是一种隐藏在彬彬有礼之下的强硬。或许这样描述比较抽象，那我们就从记忆中寻找一下，是否有哪位老师面带微笑却自带气场？是否有哪位亲属笑容可掬却气场十足？是否有哪位领导笑容满面却充满压迫感？如果你身边存在这样的人物，那就不妨回忆或者观察一下他们的眼睛，然后你就会发现，他们的眼神或者坚毅或者自信，无论谁与之对视都会微微地被"震慑到"，而这种效果就是我们要达到的眼神控场。

　　当然，如果你实在找不出一个可以模仿的对象，也可以通过和朋友的日常交流进行训练：说话时大大方方地和朋友对视，让他们在你讲话时保持足够的安静，不会轻易抢话、接话，只要能达到这个效果，那么在你和听众进行眼神交流时，对方大概率也会通过你的视线安静下来并关注你接下来的讲话。切记一句话：演讲者的目光在哪里，影响力就会在哪里。当你的气场可以覆盖大部分的现场时，听众才会真正静下心来，不再交头接耳，让你的声音成为现场最清晰的声音。如果中途有人打破了安静，那么你只需要与之简单对视一下，基本上就能让对方保持沉默，维持应有的现场秩序。

　　第二，动作控场。

　　演讲永远是"演"和"讲"的巧妙结合，其中"演"不仅包括"表演"，也包括和听众进行互动的动作，而"互动"中一个重要的组成部分就是维持现场纪律。比如，在讲到演讲主题时，你可以通过适当挥舞手臂来吸引听众的注意力，避免因为内容枯燥而使听众去做其他事情，诸如交流、玩手机等。当然，肢体动作不要过分夸张，只要能刚好吸引听众的注意力即可，至于这个尺度如何把握，可以在和朋友的日常交流中尝试一下，然后询问朋友是否有浮夸感或者幅度过小，当你找到一个合适的尺度时，就会游刃有余地使用了。

　　除了吸引听众的注意力之外，肢体动作还可以进行直接的信息交换。比如你可以通过走动来接近现场的听众，在你们的距离缩短之后，对方会不由自主地停下正在做的其他事情，让现场秩序恢复到安静的状态中，当然，如果身份和条件允许的话，你还可以通过轻拍肩膀的方式，让那

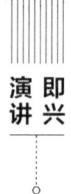

些大声说话的听众安静下来,也能悄悄叫醒打瞌睡的听众,但注意动作一定要轻柔,这样既不会得罪人,又能达到控场目的。

第三,对话控场。

如果现场有人不自觉地破坏秩序甚至影响到其他听众听讲,而你的眼神和动作又不能很好地提醒对方,那就直接通过插入对话的方式来控场。比如,台下有听众肆无忌惮地聊天,你可以微笑着看向那位听众:"你好,你有什么想要和大家分享的吗?欢迎上来讲一下。"通常这种情况下,对方就会安静下来。再比如,有听众手机没有调成震动或者静音模式,反复响了多次,这时你可以停止演讲,打趣地表示:"这个手机音乐一直在给我点赞呢,大家来点掌声鼓励一下!可能还会有更多的手机发出自己的心声!"这种风趣又不失礼貌的表达方式,自然会让绝大部分听众约束自身行为。

第四,内容控场。

如果现场听众实在对你的演讲不感兴趣,而你能够使用的控场技巧都用完了,这时也不要执着地让听众把注意力聚焦在你身上,而是要将原有的内容进行调整或者压缩,把精彩的内容提前讲出来,或者去掉一些不太重要的部分。当然,之所以会出现这种情况,是因为即兴演讲总有一些不确定的因素,可能是听众与你的演讲内容严重不匹配,或者是主办方在活动环节的安排上出了问题,责任并不一定在你,你要做的就是调整演讲内容,把不和谐的场面尽量控制住。

著名国际工人运动活动家普列汉诺夫在日内瓦曾经做过一次名为《无产阶级与农民》的演讲,没想到会场十分混乱,到处都是吵嚷声,演讲根本没法继续下去。不过普列汉诺夫也没有生气,反而是双手交叉在胸前,用一种类似嘲笑的目光扫视着会场,于是人们逐渐平静下来。这时普列汉诺夫才开口说:"如果我们也想用这种武器同你们斗争的话,我们来时就会……"说到这里他停顿了一下,大家本以为他会使用"带着炸弹""带着棍棒"这些词语，没想到他后面的话竟然是："我们来时就会带着冷若冰霜的美女。"此话一出，整个会场顿时笑声一片，甚至连一些反对者也跟着笑了起来，大家又专注到演讲上。

普列汉诺夫在演讲中使用了"眼神控场"和"内容控场"两种技巧，先是通过冷漠的目光给不遵守会场纪律的听众以压迫感，然后又通过在原有的演讲内容中插入"悬念表达"的方式来吸引大家的注意力并制造笑点，这样一来人们就会聚焦在演讲本身，不再私下议论。

需要注意的是，不要等到场面失控的时候才使用控场技巧，而是要从上场的那一刻就开始运用，切勿对自己或者听众有盲目的自信，毕竟我们很多时候会高估自己，也会错估他人。如果非要预估，也要按照最坏的剧本去演绎，这样才能不至于出现场面严重失控的情况。

演讲主题是我们要输出的核心，听众是我们面向的目标，现场氛围则是演讲者和听众之间的黏合剂。只有熟练掌握各种控场技巧，才能将冷场转化为热场，将客场转化为主场，成功演绎一次精彩的即兴演讲。

2

氛围控制：让听众跟随你

在日常交流中，我们会用"氛围"来形容整个交流过程，因为氛围越好，交流的结果也就越能符合预期，而如果氛围很差，即使在交流前做好了充足的准备，也可能会谈崩。对于即兴演讲，因为缺乏充分的准备时间，所以导致效果好坏与否的关键就是对氛围的控制。

氛围控制和场面控制不同，场面控制针对的听众没有把注意力放在演讲者身上甚至破坏现场秩序，而氛围控制时听众是关注演讲者的，只是气氛寡淡、无趣，难以引起共鸣，这时演讲者要做的就是将氛围激活。氛围控制主要是体现在整个演讲的过程中，因为只有当你开口之后，才能了解听众的配合程度，才有机会验证自己的表达是否能调动听众的积极性。下面，我们就来探讨一下氛围控制的六种技巧。

第一，赢在开场。

虽然从讲话结构设计的角度看，"无段式"和"一段式"似乎都没有明确的开场部分，但这并不意味着我们可以一句"废话"都不说就进入主题，哪怕你只需要加上一句开场白，也能起到调动现场氛围的作用。比如开场时说一句"有个事儿一会我要宣布一下"或者"请大家一定要听到结尾，对你很重要"之类的话，这样就能在一定程度上制造悬念，激发听众的兴趣。当然，开场白不宜太长，否则"无段式"和"一段式"的原有结构就被破坏了。

当然，如果你善于制造悬念，也可以在演讲的过程中提高听众的关注度。比如说到一半时突然讲："这个问题的答案就在我开场说的第一句话里，有人记住了吗？"这样一来，听众就会马上来了精神窃窃私语，虽然场面不会保持绝对安静，但是氛围却被成功调动起来。不过这种中途制造悬念的方法只适用于听众开场情绪很高中途略有下降趋势的情况下。

第二，主动活跃气氛。

当演讲进行到一半时，听众多少都会出现注意力下降的情况，这时候身为演讲者就要主动活跃现场气氛，让听众把注意力重新聚集在演讲主题上。

作家李敖有一次在北大演讲，当谈到"自由"这个话题时，他说："我一生写了100多本书，被查禁的有96本……我的这些书卖不出去，就和地摊上那些黄书混在一起卖，结果很多去买黄书的人就成了我的读者。"话音刚落，整个会场笑声一片。李敖通过这种幽默加自嘲的方式，不仅活跃了现场氛围，也让听众加深了对演讲主题的认识和理解。

第三，适当地赞美听众。

实际上，现场气氛的好坏和听众与演讲者的关系不无联系。回忆一下那些老同学、老朋友聚会的场面，哪个氛围不好呢？这是因为大家彼此有感情。同理，演讲现场也需要拉近和听众的心理距离，虽然很多时候听众对演讲者是陌生的，但这并不妨碍去制造"陌生人之间的好感"，最简单易行的办法就是赞美听众。

一位记者在参加农业科技工作者和医务工作者的会议时被要求发表即兴演讲，记者酝酿了一下情绪，一上台就亲切地对台下的听众说："绿色生命的保护神和人类生命的守护神们：你们好！"这一连串富有诗意且动听的称呼顿时让听众心情愉悦，大家也急忙报以掌声回应，演讲的气氛直接就被拉高了。

赞美可以别出心裁，也可以坦诚真实，关键在于你能驾驭哪种方式。比如表达能力强的，就可以适当玩玩创意；而生活阅历丰富的，就可以玩玩深度。方法不是唯一的，目的却是统一的，就是尽量赢得听众的好感，让他们找到朋友聚会的感觉，你的演讲才能顺利地进行下去。

一位来自四川的教授到吉林某高校去演讲，上台之后这样开场："感谢贵校邀请我过来，在我心中，吉林省不仅有人参貂皮等珍贵物产，还有雾凇这样的奇妙景观，这里就是我仰慕已久的圣地，所以我今天就是来朝圣的！"这种根据地域特色进行的赞美真实可信，自然就会博得听众的好感。

第四，增加听众参与的积极性。

"互动"是很多演讲中常见的环节，只是有的人认为自己驾驭不好与人交流的场面。其实对即兴演讲来说，只需要采用最简单的互动形式即可，比如现场提问一下大家对某个演讲内容的看法："有没有人反对我刚才说的，说得有理我请你吃饭！"通过这种轻松的方式调动听众参与的积极性，即使没人举手也可以主动点将。总之，只要气氛轻松就不会让听众觉得不适。

当然，互动环节也可以脱离演讲内容而存在，比如演讲者可以随机向大家传授"按摩脸部的小妙招"，看似跑题，但如果台下女性听众较多，大家也还是愿意学一学、听一听。而加入了这个不超过一分钟的互动小环节之后，现场的气氛就会比之前热烈很多，演讲者本人也易于掌控。

第五，与听众融为一体。

轻松、愉悦的氛围对演讲者和听众都是有益的，它会让双方像朋友一样畅所欲言、知无不言，可以消除偏见与隔阂，所以演讲者尽量不要让自己和听众存在距离感，要尝试融入听众之中，这主要依靠出色的表达技巧。

作家老舍在一次即兴演讲中是这样说的："听了同志们的发言，得到很大好处，可惜前两次没来，损失不小。今天来的都是专家，我很怕说话，只好乱谈吧。"老舍用这种"抑己扬人"的方式表达了自己谦虚坦诚的态度，同时用"乱谈"来表明自己并不是来发表"高见"的，而是平等地和听众交换意见，这种平易近人的表达瞬间拉近了他和听众之间的距离，现场的气氛也变得友好和融洽。

第六，适当提高激情指数。

如果你善于进行"激情型"的演讲，那么你自然不必担心现场气氛不好。但如果你并不善于这种表达方式却想要提高一下现场热度时，可以不用全盘学习，而是采用"速成"的办法掌握一些入门技巧，比如丰富的表情管理、高亢起伏的声调和适当的肢体动作，即使不够激昂四射，也会让原本平淡的现场氛围适当升温。最重要的是，你通过做这些动作会由内向外地点燃自己的热情，讲着讲着就可能突然"爆发"了。

氛围控制就像演讲的助燃剂，也许你的演讲内容足够精彩，但如果不能对现场氛围进行巧妙地调动，也会让演讲内容黯然失色。切记，一个善于演讲的人，一定是懂得制造"现场效果"的人，因为演讲永远是表达技术和表演艺术的结合体。

3

形象控制：让听众喜欢你

演讲不仅是思想的交流和碰撞，也是演讲者仪表、举止以及谈吐的综合展示。演讲者的形象是否讨人喜欢，在一定程度上决定了演讲的最终效果。可以说，当演讲者走上台的一瞬间，听众就会产生先入为主的认识，我们要做的就是在这个印象分的环节争取到高分。

演讲者的形象分为"静态形象"和"动态形象"两个类别。静态形象指的是个人形象，比如精神面貌、穿着打扮等，而动态形象指的是言谈举止。

我们先来看一下如何打造良好的静态形象。

选择干净、得体、符合职业特点的服装，不一定非要西装革履，但总要和职业相贴合。虽然即兴演讲没有事先准备，但作为参与者总要有一定的心理准备，所以无论是否会被邀请讲话，也应该穿着得体地进入现场，以备不时之需。总的来说，服装应该具备整洁得体、庄重朴素、色彩协调的要求，它代表着你和现场氛围的"融洽度"以及对听众的尊重程度。除此之外，还要注意穿着和体型搭配，比如身材肥胖的人最好穿深色的服装，这样会显得身体匀称一些，而身材瘦弱的则可以穿浅色的服装，这样会显得身体丰满一些。

除了服装之外，配饰也很重要，它可以起到增光添彩的作用。对男士而言，可以戴上手表或者眼镜（平镜）为自己增添一点绅士气息，女士则可以佩戴耳环或者项链等饰品，但不要太过耀眼。

为了保持良好的精神面貌，在参加活动之前最好早睡，保持充足的睡眠，这样即便真的被邀请讲话也不会双眼布满血丝地上台。男士要把胡子刮干净，给人一种干练清爽的感觉，不要为了个性把头发弄得很长甚至蓬头垢面，这种"艺术家"气质只能在小范围内被人接受，放在大众审美中还是不过关的。同样，女士也不要用"五彩斑斓"的发色来彰显个性，这会引起别人对你的误解。如果是在夏天，那么无论男女都要保持勤洗澡的习惯，不要给人一种邋遢难闻的感觉。

实际上，保持静态形象并不难，因为这是我们在平时就应该注意的个人形象，所以真正有难度的还是动态形象。动态形象根据演讲的环节可以分为如下五个部分。

第一，介绍之后。

一般来说，被邀请发表即兴演讲，总会有人对你先介绍一番："下面，有请某某上台给大家随便说两句"。在介绍的同时，你就应该自然地站起身，向介绍人点头，然后向在场听众致意，尽量面带微笑，眼神中表达出谦虚和感激，千万不要让人认为你是被逼着上台演讲的。

第二，登上讲台。

这里所说的"讲台"是一个概念化的词汇，可以是会场里的真讲台，也可以是饭店包间里的中心位置，总之这是一个聚焦了听众目光的地方。当你向大家点头致意以后，就要步伐从容稳健地走向讲台，如果是正式场合，可能会耗费更多的时间，那么在走路的过程中可以对两侧的听众送出微笑，直至站在讲台上。

第三，演讲开始。

在发表演讲之前，可以用友好、诚恳或者是恭敬的态度向听众敬礼，表示对听众的致意。这里需要注意的是，不要急着开口，可以先暂停几秒钟，用视线扫过眼前的听众，这样代表你对听众的尊重和在意，同时也能起到维持现场秩序的作用。借此机会，你还可以进行深呼吸，让自己的心情得到平复，当然，如果你完全不紧张的话也可以不做这个动作。

总之，在演讲正式开始之前要调整一下情绪，留给自己和听众一个缓冲的时间。

第四，得体的站姿。

通常有两种站姿比较符合礼貌。一种是自然站姿：双腿平行，间距和肩膀等宽，能够给人一种注意力集中、精神焕发的感觉。还有一种是前进式站姿：一只脚在前，另一只脚在后，双腿呈45°角，身体微微向前，可以给人一种激昂向上的感觉。当然，如果是非正式场合没有讲台，那演讲者可以站在中间显眼的位置，便于观察到所有人，也能在演讲的过程中随时走动，便于和听众互动。

第五，走下讲台。

在演讲结束之后，可以加上一句"谢谢大家，再见"之类的客套话，当然如果是熟人聚会，也可以省略，随后走向自己的座位。如果听众一直报以热烈的掌声，那么演讲者就不能无动于衷地坐在位置上，而是要起立向大家致意。

除了按照演讲环节划分的动态形象之外，还有一个关于语言表达的动态形象，那就要有优雅文明的措辞，主要体现在以下三个方面。

第一，不说粗话。

有些人表达能力很强，但就是喜欢夹杂着各种粗话，这种表达习惯放在私下场合没什么问题，但如果是在正式场合就非常减分，不仅会影响个人形象，也会拉低你所代表的家族、企业以及团队的集体形象。当然，最好的克服办法就是在平时也不要说粗鄙之言，因为一旦说习惯了，总会在不经意间暴露出来。

第二，不说无意义的话。

有些人喜欢在输出一个观点之后加上一句"明白我的意思了吧"之类的话，如果通篇只说了这一句，那问题不大，可如果频繁地出现这类句式或者词语，就会十分影响演讲的流畅度，也会降低你在听众心目中的印象分，所以在日常交流中要学会避免养成此类表达习惯。

第三，不说模棱两可的话。

有些人出于谨慎或者故作神秘，会说一些让人摸不着头脑的话："我就知道咱们身边有这样一个案例，具体是谁我就不说了"或者"这个话题就点到为止，别的不要再提了"。这种欲言又止的表达习惯不仅会分散听众的注意力，也会让你的演讲变得意味不明、似有所指，如果受众面广泛说不定还会引发矛盾，严重破坏你的个人形象，因此一定要避免。

一场成功的演讲，需要演讲者将自己的思想、学识以及个性都淋漓尽致地表现出来，这种外在形象的打造并不能简单认为是肤浅的表现。因为很多时候，我们面对不熟悉的人时，第一印象至关重要，哪怕你学识渊博、风趣幽默，可如果形象邋遢，还没开口就已经输了一半。所以，我们要将形象控制当成是影响听众评价和审美的重要手段，为自己赢得先入为主的优势，为演讲收获额外的高分。

4

声音控制：让听众聚焦你

声音，是演讲者和听众最主要的交流渠道。演讲者通过声音来表达自己的观点和情绪，听众也能通过声音来判断演讲者的信息重点与情感要素。声音不仅是传递信息的物质载体，更是演讲这门表演艺术中的核心部分。没有声音的演讲就不是演讲，而没有好声音的演讲就不是成功的演讲。作为演讲者，该如何充分利用声音这种交流工具呢？不妨从以下五个方面入手。

第一，发音尽量清晰。

演讲者不一定非要说一口标准的普通话，但至少要保证讲话字正腔圆。字正，是对语言的基本要求，它要求咬字准确、吐字清晰、读音通透、送音响亮、能够让听众一听就懂，不会产生歧义；腔圆，指的是声音婉转清亮，流利自然，具有一种音乐的美感。简言之，字正是发音的基础得分，而腔圆是发音的进阶得分，前者偏重技术性，后者偏重艺术性。

如果你平时讲话有些含混不清，那么就一定要尽力纠正，因为在非正式场合中，发音不清晰造成的负面影响不大，你身边的熟人也可能习惯了你的发音，关系默契的人甚至能够猜出你要说的内容，但这并不意味着你的发音过关了。一旦进入正式场合面对陌生人，你的发音就必须达到一个符合公众理解的标准。

在汉语普通话的所有音节中，除了辅音的唇音之外，其他的基本都依靠舌头的积极活动，所以你要习惯把发音的力量集中在咬力器官上，也就是舌头和嘴唇上，其中舌头在口腔里是一个非常活跃的器官，对发音的最终效果影响最大。只有让舌头弹动力强，声音才能清晰，而如果舌头疲软，就没有足够的力量来容纳空气，就会缺乏阻气力度，从而导致声音含混不清。因此在日常发音训练中必须强化对舌头的训练，养成良好的发音习惯。

第二，学会控制语速。

语速的快慢一方面影响着信息传递的密度，另一方面会影响情绪的表达。对于大部分演讲场合来说，语速尽量要控制得"不快不慢"，不过这并不意味着语速是一成不变的，而是要根据演讲的内容进行适当调节，做到慢中有快、快慢结合，这样才能全程吸引听众的注意力，否则始终保持恒定的速度会让听众产生昏昏欲睡的感觉。

为了营造较好的表达效果，语速的"快"和"慢"要产生一种类似电影剪辑的听觉效果。比如在开场讲故事的时候，可以用较慢的语速开启："这件事是发生在两年前，那是一个满天飞雪的下午……"这种徐徐推进的叙述方式会给听众制造一个想象空间，如果语速过快会让听众来不及代入到场景中，从而造成讲和听的沟通脱节，影响最终的表达效果。同理，如果在讲到充满激情色彩的内容时，稍微加快语速就能产生更强烈的表达气势："你们这样做想过含辛茹苦抚养你们长大的父母吗？你们这样做想过呕心沥血教育你们成才的老师吗？你们这样做是对社会不负责，是对国家不负责，是对人民不负责！"这种排山倒海式的发问如果语速过慢就无法产生压迫感，也就无法让听众产生深刻的反思。

第三，进行响度调整。

响度主要是指声音的音量、强度和高度，演讲中必须要有合理的响度才能让听众听清楚，也有利于增强表达效果，最理想的状态是"低沉而不虚，沉重而不孤"。简单说就是声音存在强弱变化，错落有致，这样才能凸显说话的水平和声音之美。演讲者在整个演讲的过程中，需要根据主题思想、现场情况以及听众分布来随时随地调整声音的响度：如果现场空旷，那尽量要站在距离听众近的位置上演讲，确保每个人都能听到；如果现场存在杂音，那就要提高音量，也可以借助扩音设备以压制杂音；如果讲到重点内容，需要刻意提高音量来引起听众的重视；如果讲到情绪悲伤之处，可以通过压低声音来表达伤感和惋惜……总之，不要保持在一个固定的响度上不变，要灵活调整，适应演讲内容和现场状况。

第四，保持节奏起伏。

节奏不等于语速，它是一种节拍变化而非速度变化，通常是和具体的词汇或者句式相关联的。比如在"你提一个问题，他提一个问题，我提一个问题"这个句式中"提一个"就是一个固定的节拍，是为了突出表达的重点；再比如在"先问是什么，再问为什么，最后问怎么办"这个句式中，"是什么""为什么""怎么办"也有相同的节拍，因为它表达着一种逻辑递进关系，也是要清晰地传递给听众并引发思考的，和语速快慢无关。

只有当节奏处于起伏变化的状态时，才能让演讲形成一种抑扬顿挫、循环往复的表达效果，就像一首歌曲的旋律那样引人入胜，否则演讲就变成了毫无感情和逻辑的念稿，无法体现出演讲内容的结构疏密和情绪激缓，听众自然就失去了听下去的耐心和欲望。

第五，语气交错多变。

语气是带有强烈感情色彩的变化，是能够体现出"好恶之情"的存在，相比之下，节奏体现的是一种逻辑和表达层面的变化。语气交错，其实就是在需要赞美时用真诚、动情的语言抒发赞美之情，而在需要抨击时用犀利、冰冷的语言表达愤慨之意，在情感层面和听众进行交流。比如，当你在称赞一位劳动模范时可以这样表达："我认为没有人能够像他那样（忽然停顿）敬业（情感重音）、负责（情感重音）、甘于吃苦（情感重音）！"这样就清晰传递出了你在演讲中融入的价值观。

演讲是一门口头表达的艺术，不仅要求演讲者发音清晰准确，也要求演讲者用词简约、富有美感，从而展示出演讲内容的深度和语言表达的魅力。当然，声音控制不是一朝一夕就能练成的，需要通过语言实践来加强，做到多读多说，才能了解自己发音的特点和缺陷，从而进行有针对性的训练，提高表达的流畅性，增强演讲的艺术性。

5

时间控制：让听众接纳你

对于很多发表即兴演讲的人来说，他们不担心怯场，也不担心冷场，唯一担心的是时间控制。毕竟不是每个人都能像教师那样在固定的时间内讲完全部知识，要么时间过短，听众意犹未尽，要么冗长超时，听众备受折磨。即便演讲者自己也想努力控制，却难以在实操中准确把握这该如何是好呢？

一般来说，即兴演讲的时间都不会太长，不像正式演讲那样最多可以长达几个小时，基本上都会控制在半个小时以内，最短五分钟上下，具体时长多少要根据活动背景而定。如果是大型活动的即兴演讲，通常十几分钟也就足够了，如果是非正式的活动，例如同学聚会，那么五分钟也足够。当然也会存在"返场"的情况，即演讲深受听众欢迎，这时就可以适当延长几分钟。总之，具体时长还是要根据现场的实际情况随时进行调整。

当你为自己的即兴演讲锁定了一个预计的时长之后，接下来要做的就是如何在不超出时长的前提下完成演讲内容，对此可以采用三种方法。

第一，模块化设计。

所谓模块化设计，就是把演讲的内容进行合理拆分，比如分成开场、主题、收尾三个部分，每个部分大致估计一下时间，这样就容易计算出讲完每一个部分所耗费的时间，如果发现某个部分讲得超时了，就可以酌情删减下一个部分的内容。不过，既然选择了模块化演讲，讲话结构设计就不宜采用"一段法"或者"无段法"，因为这两种结构无法拆分，也难以控制时间，所以最好选用"三段法"和"四段法"。

当然，模块化设计并不一定非要从结构来划分，也可以从信息分布上划分。比如你采用的是"一段法"的讲话结构，里面包含了五个要点，那么你可以对每个要点的时长进行一个粗略的估计，一旦出现某个要点时长严重超出的情况，就可以直接删减掉其他几个不那么重要的要点，这样既简单又容易记忆，不至于把内容搞混。

如果你的演讲内容没有划分出足够多的要点，比如只谈问题的两个方面，那么贸然删掉其中一个是不合适的，因为这样会影响内容的逻辑性和严谨性。这时不妨删减你用来切入主题的故事，比如你原计划用两个小故事切入主题，中途发现时间不够了，那就删掉一个故事，或者是对两个故事都进行简化。

总之，模块化设计的好处是"可量化"，即你的演讲腹稿可以简单理解为1、2、3、4……这样一来就能方便你随时作出调整而不会乱了章法。当然，即兴演讲通常没有太过充分的准备时间，所以对演讲内容的结构设计或者要点划分都应尽量采取简化原则，这样容易把控。

第二，日常的计时训练。

有的演讲者不喜欢打腹稿，就是喜欢聊天式的演讲，那么模块化设计就无法控制时长。此时最有效的办法就是计算你的"信息输出量"，即一分钟能说完多少字，演讲的所有内容说完需要多长时间，这样也可以进行时间控制。当然，这需要你在平时就进行计时训练。

具体的训练方法是，写一篇符合自己表达习惯的稿件，然后以演讲时惯用的语速读完，最后计算需要花费多少时间。为了减少误差，可以重复测试几遍，最后取一个平均值。需要注意的是，不同的内容关联的语速也是不一样的，比如阐述理论和讲述故事就存在差别，前者基本上是按部就班地讲述，而后者可能为了增加演出效果存在故意停顿、有意放慢语速等情况，因此最科学的计时训练是要计算出不同演讲内容的时长，比如一分钟读稿读多少字、一分钟讲故事多少字等，这样才能确保时间控制的准确性。

计时训练虽然听上去枯燥乏味，但这种训练有一个潜在好处：训练的次数多了，你对时间的敏感度也会增加，能够盲算出一分钟自己输出的信息量，从而绑定自己的"生物钟"，主观感觉和客观实际不会出入太大。

第三，合理使用计时设备。

说一千道一万，最靠谱的计时还是要通过计时设备，因为人的主观认知存在局限性，也容易受到现场氛围的影响，比如听众反响强烈、互动积极，那么对演讲者来说时间就流逝得很慢（实际却很快），所以最稳妥的办法还是借助钟表、手表、手机等一切能显示时间的设备。但是问题来了：演讲者该如何掌握观察计时设备的频率呢？

显然，如果演讲者为了控制时长频繁地看表，一来会打断自己的思路，二来会让听众认为你心不在焉，会直接影响到演讲效果。同理，如果演讲者时不时地看现场的钟表，也会增加自身的紧张感，产生时间过得很慢的错觉，不利于演讲的顺利进行。因此，最合理的办法可以参考模块化设计，即每讲完一个部分或者一个要点之后看一下时间，确定自己是否超时，然后再决定是否要压缩或者删减下个部分，这样既不会让自己徒增紧张，也不会让听众觉得不妥。

除此之外，我们还可以借助他人来帮助我们控制时间，比如安排一个临时助手在台下对我们进行手势提醒，告诉我们时间所剩不多了，这样我们就能通过删减内容或者加快语速等方法控制时长。总之，现场的计时设备和活生生的人，都可以当成"计时器"。不过需要注意的是，如果演讲者总是习惯通过计时设备或者助手来控制时长，就容易产生严重的依赖性，逐渐丧失对时间的主观估算能力，所以最好只作为一种辅助手段来使用。

时间控制在所有掌控现场的技巧中是比较不突出的一个，却是最重要的一个，因为对时间的精准把控代表着演讲者对内容的把控，也代表着演讲者对举办方、邀请人乃至听众的尊重。否则即便演讲本身再出色，却失去了对时长的要求，就会破坏整个活动的进展情况，给自己和他人带来难以预料的麻烦。毕竟，你浪费的时间是别人的生命。

6

心理控制：让听众满意你

丰富的知识储备是一个优秀演讲者的必备基础条件，但如果仅仅有丰富的知识和经验，还不足以成为一个深受听众欢迎的演讲者，这是因为听众喜欢的演讲者不仅要有宽广的知识面，更要有触及听众内心诉求的能力。换个说法就是，演讲不仅是语言表达和肢体表演的技术，还是一门营销的艺术。

互联网上有一句流行词叫"嘴替"，意思是能够说出广大网友心声的人。而一次成功的演讲，从某种角度看也是替听众发声的过程，即演讲的主题要有现实意义，演讲的表达要能满足听众的某种诉求，这样的演讲才能让听众与你产生认同和共鸣。换个角度看，如果你的演讲没有触及听众的某种需求，那就说明你没有掌控好听众的心理。因此，了解听众认真聆听的动机至关重要。

要想达到"心理控制"的目的，我们就不能仅从演讲者的视角去思考自己该说什么，而是要把自己当成一名销售，台下的听众是自己要攻坚的客户，这样我们才有机会说服他们，而不是仅仅做了一次无关痛痒的科普教育宣传。那么问题来了，我们应该从哪些方面入手呢？可以从三个方面入手。

第一，了解听众的人数、年龄、文化水平等基本信息。

虽然即兴演讲是没有多少准备时间的，但我们参加某个活动是提前被通知到的，那么为了应对可能上台演讲的情况，我们就有必要对听众的基本信息有大致的了解。

首先是人数。如果人数超过上百人，那就是比较正式的活动场合，遣词造句要更加小心，避免产生不良的社会影响。另外人数多少也决定了我们是否会用到麦克风、投影仪等设备，不提前做好预案难免会发生现场事故。

其次是年龄。如果参加的是老干部活动，而演讲者又比较年轻，那就要遵从年长者的语言习惯和身体特点，大声、缓慢地讲话，不要使用老人听不懂的网络用语；而如果听众都是年轻人，那就可以尽量放开，不要用古板的演讲风格和过于老套的故事进行论证，避免自己成为听众眼中的"老古董"。

最后是文化水平。如果听众文化水平较高，那就不宜用过于通俗甚至是粗俗的措辞，这样会显得自己与现场氛围格格不入；而如果听众文化水平普遍不高，那就不要大量引用诗词歌赋，把自己装扮成"阳春白雪"，不如做一个坦率真实的"下里巴人"，方便和听众进行沟通。

第二，了解听众的价值观念、态度等心理信息。

首先是价值观，这就好比营销学中的"客户画像"一样，你的听众的经济收入、社会阅历、家庭背景等综合原因决定了他们的价值观，可以简单粗暴地划分为"开放型""保守型""中间型"等：对待思想观念比较开放的，就可以让演讲主题具有讨论性，不轻易给出结论，留给听众一点自由讨论的时间，这样他们即便不认同你的观点，也会认同你的演讲方法。其次是态度，主要是指听众对本次演讲乃至本次活动的态度是否积极，这将决定你的演讲内容是贴近现实还是流于表面。打个比方，你在新生入学仪式上发表演讲，听众是学生，他们对即将到来的校园生活是有憧憬的，所以对演讲本身的关注度相对更强，你作为演讲者就有更多展示自我的发挥空间，这时候说场面话反而会让听众失望。但如果你出席一次保险公司组织的营销活动，现场听众有不少是被熟人拉过来凑数的，这种场合就没必要绞尽脑汁设计演讲内容（除非你是产品经理），因为听众和你基本上都是走个过场，多说一些主办方爱听的话即可。

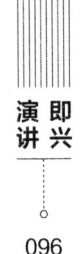

第三，了解听众的期待。

当我们抛开听众的基本信息和心理信息之外，剩下的最关键的部分就是他们内心的期待了，当然这里所说的期待是一个具象化的概念，即听众在本次演讲中想要听到的内容，而非宽泛地对工作和生活的期待。那么答案就显而易见了：听众在活动中扮演什么角色，演讲者就要针对这个角色设计适合的演讲内容。

如果是行业内部的活动，听众自然想听到与"合作""经验分享""资源分享"相关的内容；如果是企业内部的活动，听众更加关注和"薪资待遇""职位晋升""企业前途"等相关的内容；如果是校园内部的活动，听众必然对"修学分""毕业发展""奖学金"等内容更感兴趣；如果是学术型的活动，听众大概率会关注"研究成果""学术合作"等内容；如果是投资者之间的活动，听众肯定会关注"收益""风险""分红"这一类话题。总的来说，了解听众的期待并不难，只要和对方换位思考就很容易摸清他们的想法，而你要做的是根据他们的期待来设计演讲主题。

当然，大部分即兴演讲恐怕不会给演讲者进行调查和了解的机会，最简单也是最稳妥的办法就是多和主办方、东道主沟通："麻烦简单介绍一下今天参加活动的来宾。"不需要过多的信息搜集，可能三五句话就能让你了解个大概，也基本上能锁定演讲的主题和风格了。

演讲的成败，并不局限于台上的表达和演出，也要依靠台下的准备工作，而了解听众的心理诉求就是重要的一环。它看似是一件可做可不做的事情，但正所谓"知己知彼百战百胜"，当你在心中描绘一张"听众画像"的时候，你走上台的那一刻才真正有了底气和信心。

CHAPTER 5

第五章
讲话风格
不是一天养成的

1

独树一帜的风格才能印象深刻

每一个走上台的演讲者，都希望自己的演讲能让人印象深刻，成为听众记忆中或醍醐灌顶或激情四射的回忆。那么，如果我们想要达到这个目的，就不能站在自己的视角去思考如何让听众印象深刻，而是应该换位思考，站在听众的角度思考：他们心目中印象深刻的演讲应该是什么样子？

一个大道至简的答案是：没有哪个听众喜欢呆板的、程序化的演讲，大家都想要听到让人耳目一新、眼前一亮的演讲，借由这个思路往下推演可知：演讲要学会形成属于自己的演讲风格，特别是对即兴演讲来说，由于事先准备不足，所以在听众眼中的加分项很难完全依靠内容的精心设计，更多的还要借助演讲者独树一帜的风格来征服听众，从而规避即兴演讲天然的短板，下面我们就介绍六点注意事项。

第一，不要盲目模仿他人。

相信每一个喜欢演讲并愿意钻研演讲技巧的人，心中都会有几个自己钦佩的演讲高手，他们可能是古希腊的雄辩家，也可能是现当代的外交家，抑或者是生活在身边的某个人。从技术学习的角度看，从这些高手那里学本事是必要的，但切记不要盲目地模仿，毕竟每个人自带的特质不同、生活的时代不同、演讲的对象不同，拙劣的模仿很容易变成东施效颦。我们可以通过"先模仿再独创"的方式循序渐进地学习演讲高手，而不是一门心思地成为他们的复制品，哪怕模仿得惟妙惟肖，也无法让听众真正记住你。只有与众不同，才是演讲中最强大的力量所在。

第二，选择自己熟悉的领域。

虽然风格和内容是分开来的，但内容也会在一定程度上限制风格的发挥。比如你给自己设定的演讲风格是"深刻"，那么你只能针对自己熟悉的内容进行总结和盘点，而一旦涉足陌生的、不熟的领域，贸然玩深刻就可能贻笑大方，导致人设崩塌。所以，即便是在即兴演讲这种缺乏准备的场合中，也要尽量选择自己熟悉的内容，这样你才会自信地走上舞台，在滔滔不绝的演讲中带给听众真实的权威感，继而打动现场的每一个人。

第三，符合自己的特点和特长。

想要让演讲风格独树一帜，就必须先了解你是什么类型的人，拥有哪些优势：如果你是幽默风趣的人，那可以在表达风格上做文章，让自己一开口就能笑倒台下一片听众，于是你的"幽默"就成为听众的记忆点；如果你是思想深刻的人，那可以在演讲内容上做文章，让自己金句频出，给予听众茅塞顿开之感，于是你的"深刻"就成为你最闪亮的标签；如果你是善于沟通的人，那可以在互动风格上做文章，让自己通过和听众互动建立联系纽带并增进好感，于是你的"互动"就成为演讲中的高光时刻。总之，只有充分了解自己的个性，才能树立独一无二的演讲风格，而后征服听众。

第四，传递清晰的价值观。

或许有人不会理解，传递价值观和演讲风格有什么联系呢？举个例子，很多人都欣赏乔布斯的那种演讲风格：既有企业掌门人的通观全局，又有极客的科技范儿。但是你该如何去模仿乔布斯呢？仅仅是穿上黑T恤和牛仔裤吗？或者再加上幻灯片和大屏幕？然而即便你完全复制这些"特征"也很难模仿出乔布斯的演讲风格，因为他真正的演讲内涵在于价值观的传递，它藏在每一张PPT的背后，传播的是基于苹果几十年积累的企业文化。因此，想要让听众对你的演讲记忆深刻，你就必须把内容和风格紧密结合。比如用你的"深刻"去阐述严肃的社会问题，用你的"幽默"去传递乐观精神，用你的"激情"去带动听众参与……这样一来，你的价值观才找到了正确的传播工具和传播方式。当风格与内容相互契合之际，你的演讲才会更加深入地触动到听众，才能形成长久的记忆。

第五，正视缺点。

有的人认为自己的演讲不够成功，是因为自己身上存在某些缺点，比如说话不够精彩、内容不够严谨等。的确，有些缺点是需要我们改正的，但有些缺点是很难克服的。比如有的人沟通能力就是很差，无论怎么训练也无法给人亲切自然的感觉，与其穷尽一生去克服这个缺陷，还不如扬长避短发挥自己的优势，如用自己渊博的学识来代替和听众的互动，只通过台上的理论阐述就能为听众答疑解惑，这样也能获得良好的演讲效果。

第六，足够真诚。

当你确实无法发掘能超过他人的优势时，其实还有一条路可以选择，那就是将真诚保持到底。在这个人人都能大量获取信息的时代，聪明的人很多，但真诚的人很少，所以你可以用真诚作为自己的标签，即便谈到自己熟悉的领域也能虚心地向听众请教。这或许会在一定程度上降低你的权威性，但同时也会增加听众对你的好感度，而这样的演讲者在一群想要指点江山的人中间也是与众不同的。

一位名字叫李淼的新员工在一次活动中被临时邀请上台演讲，为了让大家快速记住自己，李淼是这样做开场白的："我叫李淼，名字里有三点水，今天我就送给大家三杯水，第一杯水让你们解解渴，因为你们在工作岗位上都付出了很多，是我日后在咱们公司里学习的榜样；第二杯水让你们润润喉，因为我是新人，必然会犯错，会有很多不懂的地方向大家请教，所以烦请在座各位多指点、多批评；第三杯水让你们洗洗手，洗去疲劳，洗去过往的尘埃，以后的日子就由我和大家一起承担责任，我会主动冲在第一线，给大家探路，为集体分忧，相信我，我也更相信你们！"

李淼的这番即兴演讲，既结合了自己名字的特点，也充分发挥了联想能力丰富、语言组织能力强的个人特点，态度真诚，传递了与老员工共聚大业的清晰价值观。同时也没有回避自己作为新人的缺点，树立了鲜明的个人演讲风格，顿时赢得了公司上下的好感和认同。

抛开演讲不谈，我们生活在这个世界上，原本就是想让自己有那么一点与众不同，哪怕只是细微的差别。因为我们从内心深处都不希望自己"泯然于众人"，都希望在匆匆流逝的岁月中留在某些人的记忆力，那么我们就要努力把自己最光彩亮丽的一面展示给他人，这不仅是演讲者的成功之道，也是世俗社会的成名法则。

② 不同场合需要不同风格适配

演讲风格是根据演讲者自身的特点来决定的，但这并不意味着演讲者一辈子只能使用一种风格面向听众，正如我们在日常交流中也会根据不同场合用不同的口吻和他人对话一样。准确地讲，一个演讲者势必有一种"主风格"，比如语惊四座的"创意型"风格，除此之外还可以搭配"风趣幽默"或者"激情四射"等"次要风格"，以此来适配不同场合的需求。

既然风格有主次之分，这就意味着你不必强求能驾驭好每一种风格的演讲，而是能适当灵活地调整原有风格即可。对于即兴演讲来说，我们很难预测会在什么样的场合下开口，可能是一个严肃的、充满学术氛围的场合，那么擅长煽情演讲的人就必须更换风格，否则会让听众难以接受。下面，我们就来盘点一下演讲风格与演讲场合相适配的三种技巧。

第一，正式场合，氛围严肃。

通常在企事业单位的大型活动中或者带有学术探讨性质的会议上，演讲者尽量还是要"收"一些，当然这并不是说必须从上台到下台全程板着脸不苟言笑，偶尔讲个笑话活跃一下气氛也是可以的。但演讲的整体风格必须是严肃、严谨的，否则讲的段子太多，会让人误解你的专业知识、业务能力不够扎实，会导致你的个人口碑下降。因此，在这类场合中的即兴演讲，要在语言表达方面遵循严密谨慎、逻辑性强的原则，比如在涉及公司业务开展情况时可以这样讲："我们部门上个月全员努力认真，点对点营销做得非常好，客户满意度也很高，业绩增长环比增长12.2%……"在这段话中，如果没有"12.2%"这个数字的支持，前面的描述就会缺乏力度，没有客观数据支撑，如果是在非正式场合没问题，但在正式场合就显得不够严谨负责了。

正式场合的演讲，在风格上要偏向"深刻型"，即不要求演讲者有过多的情感投入。尤其是对于基层员工来说，激情四射的演讲风格并不适合，因为这是拥有领导权限的人才适用的，执行层只能是响应上级号召，千万不要刻意制造一呼百应的"煽动"效果，这会引起同事和上级的不满，认为你为人不够理性。所以，不管你的主风格是什么，都尽量符合严肃、严谨的表达特点，才能与现场氛围实现适配。

第二，正式场合，氛围轻松。

正式场合并非都是严肃刻板的，也有氛围相对轻松的时候，比如进行内部交流讨论时，通常会议原则是允许大家脑洞大开、畅所欲言的，这时如果不苟言笑地发言，反而与会议精神相背离。因此在这种场合里，我们的演讲风格尽量靠近"创意型"，也就是在表达上力求富有文采，形式多变，不拘泥于传统的叙述模式，最好有一种语言艺术的美感。

在一次主题与"年轻人奉献"有关的座谈会上，一位演讲者发表了这样的演讲词："索取不属于我们，我们只有付出。我们的心声呀，就是我们开始自由呼吸的时候流出的，流出积蓄已久的真挚的爱，流出绿绿的幼稚，流出皎皎的天真，流出殷殷的血丝，我们一定能养育出那森林、那牛羊、那鲜花；当五彩的世界还在梦中，我们就毫不犹豫地仰起那红润的迷人的嘴唇……"这一段表达十分具有艺术性，既让演讲内容有了沉甸甸的分量感，又让语言风格显得绚丽多彩，能够让与会人员进入到想象的世界里，气氛轻松却又不失对主题的诠释，让听众感受到了演讲者在表达上的创意和在内容上的凝练。

第三，非正式场合，氛围愉快。

在企业的茶话会上，很多领导都能一改往日严肃认真的样子，和员工愉悦轻松地交谈，这就是在非正式场合中的风格调整。它从表达上更贴近"坦诚型"的演讲风格，也就是用聊天式的演讲和听众交流，要展现出亲切的语气、随和的神态等，尽可能地缩短和听众的心理距离。当然，这种依托对话交流的演讲对演讲者自身要求较高，因为不仅要有相关的知识储备，还必须有临场应变能力，毕竟互动环节是非正式场合演讲的重要组成部分，那种自说自话的表达习惯其实又跳回到了正式场合。当然，为了演讲的节奏不至于支离破碎，互动的时间要掌握好，通常提出3~5个问题即可。

　　某高校组织了一次茶话会，邀请一位已经毕业多年的校友和新生们聊天，目的是给大家解答一些有关学业、找工作方面的疑惑。这位校友平时是一个擅长"深刻型"演讲的人，但因为这次不需要进行学术论证，于是就切换了聊天式的演讲方式："掐指一算，我已经毕业五年了，再掐指一算，你们肯定想知道我一个月能赚多少钱。"这番大实话立即让同学们笑声一片。紧接着校友说道："其实啊，关心赚多少钱一点都不丢人，我今天来就是为大家解决这个问题的。不过我不负责发工资，我只负责给你们指路，一共三条，看你选择哪一条……"后面就是校友针对学生的不同情况制定的学业计划和求职指南，因为实用性很强又不断地和大家交流，整个演讲的氛围轻松愉快，效果超出预期。

　　以上三种场合只是列举了比较常见的类型，至于你所面对的具体场合只能根据实际情况来定。总之，你要记住的就是：演讲者的风格虽然具有相对的稳定性，但也有一定的变化性，只有将稳定性和变化性相互统一，才能塑造出一位成熟的演讲者。

❸ 你的独特从模仿开始

演讲者应该有独树一帜的风格，但这并不意味着完全不能模仿他人，尤其是对于缺乏经验的新人来说，有一个可供参考的模仿对象能够引导自己的演讲风格走向成熟。甚至我们可以说，成功的演讲往往都是从模仿开始的。

前文我们讲过，不要盲目模仿他人，这句话的重点是"盲目模仿"而非"模仿他人"。也就是说如果我们有意识、有筛选地模仿一位演讲者的长处时，这就是一种积极学习而非无脑抄袭，它并不妨碍你慢慢形成属于自己的独特风格。跳出演讲圈子不谈，纵观那些成功人士，很多也都是从模仿开始的，比如科比模仿乔丹、小罗纳尔多模仿马拉多纳……只有经历了向高手汲取精华的过程，才有可能登临属于自己的高峰，演讲也是如此。

当你还是一个初学者时，有必要为自己找一个或者几个模仿的对象，通过观看他们的演讲视频或者现场聆听来学习他们身上的优势。这时对于尚未积累足够经验的你来说，暂时不要考虑"树立自己的风格"，否则犹豫之间你就会错失提升自我的机会。如果连提升都做不到，仅仅拥有独特的风格又怎能打动听众呢？为此，我们不妨试着遵循以下四条法则。

第一，找适合你的模仿对象。

我们之所以不推崇盲目模仿，是因为有些演讲者的风格并不是你能够驾驭的，正如民间的那些业余歌手，他们会模仿适合自己的歌星：底气十足的模仿刘欢，声音醇厚的模仿田震……演讲也是同理，如果你是一个善于讲段子的人，那就应该以幽默见长的人作为模仿对象，而不是找一个善于发表哲学评判的深刻型演讲者。风格越是接近，你模仿起来越会得心应手，也越容易成功，这样才能给你足够的自信，帮助你在提升演讲技巧的路上越走越远。

第二，找适合"引爆"你的点。

选对人只是做了一半的工作，还剩下一半是选对点，这个点指的是模仿对象身上最容易被你驾驭的点。毕竟一个优秀的演讲者会兼具多种优势，比如思想深刻、语言幽默、控场力十足等，但这些优势不是个个都能被你吸收的，所以你要切忌贪婪，不要幻想着全盘都复制过来，一来你的能力存在上限，二来有些优势可能会消除你的特点。打个比方，你模仿的对象擅长激昂慷慨的演讲，同时也善于和听众互动，但是你的演讲风格是简短有力的干练型，那就可以融入一点激情化的表达，让你的演讲更有感染力，但不必刻意去学习模仿对象的互动能力，因为干练型的演讲意在简短而不拖沓，加入互动环节会破坏原有的节奏感，也会消弭你原本的个性，不会产生"引爆"的效果，所以这种盲目模仿是要不得的。

第三，找对模仿的路径。

模仿他人是一种系统性的学习，需要达到"形似"和"神似"的两重境界。

形似，指的是模仿对象身上最外显、最突出的特征，比如高亢洪亮的嗓音、稳重睿智的台风、标志性的手势等，这些容易被观察，也容易被模仿，是最适合初学者"下手"的地方。所以我们可以通过大量的观察和重复动作，让自己从外在特征上无限接近模仿对象，这个过程需要时间的积累，因为一开始我们会觉得别人的动作加在自己身上非常违和，但只要把重复变成习惯，我们就会接纳吸收他人的优势。只有先做到形似，才能给予自己模仿下去的自信，否则言谈举止和模仿对象差别太大，会让你失去继续学习的动力。

神似，指的是模仿对象内涵的特征，比如思想的深刻性、对演讲活动的独特理解等，这些不容易一眼看出，而是需要一边观察外显动作一边暗自揣摩，它是一位演讲者最核心的特质，也是我们要真正掌握的技能。当然，想要达到神似的境界，必然要先完成形似这个步骤，只有外在像了，我们才有机会去理解演讲者为什么要做这个动作、为什么要使用这一类词汇等。

无论是形似境界还是神似境界，都只是我们学习演讲技巧的过程，切不可当成是终点站。我们可以怀着学习的心态观察模仿对方，但不要盲目崇拜，可以在演讲中表现出别人的影子，但不能照搬照抄，这种模仿是拙劣的，不仅让自己特色全无，反而还成为不伦不类的反面典型。

第四，找对塑造自我的方法。

当我们对演讲者进行了足量的模仿之后，剩下的关键步骤就是形成自己的演讲风格。显然，如果你在演讲时听众一眼就能看出你是在模仿谁，那么你的演讲其实是失败的，甚至不能叫作演讲，只能叫作模仿秀。要想突出你的个人特质，要在形似和神似的基础上将其进行内化。打个比方，你模仿的演讲者善于用洪亮的嗓音带动现场气氛，外显的模仿就是也用洪亮的声音，然而现实是你的声线不够粗犷有力，那么你只需要内化"带动现场气氛"这个部分，不用声音去唤醒听众，而是用一句掷地有声的台词或者挥动一个有力的手势，一样可以起到相同的作用，这就是"内化"，也就是通过殊途同归的方式对偶像进行了致敬，这样你才算是真正塑造了自我。

很多人口才并不是很好，脑子里也没有储备太多东西，但我们不必为此自卑，而是在认清自己的短板之后积极寻找模仿的对象，通过潜移默化的方式来提升自己对演讲技巧的理解。而在观察和模仿他人的过程中，我们会逐渐掌握学习的窍门，不断积累演讲经验。

某公司有一位老采购员，口才十分出众，每次上台演讲都能连贯流利地说出"一二三四"。比如："我今天就来说说咱们公司的'三大怪'，一是开会人不来，二是新手太实在，三是友商净拆台……"随后就针对公司的某些负面现象进行点评，听上去既幽默风趣又针砭时弊。不过，老采购员因为资历较深，经常说话得罪人甚至点名道姓，偶尔也会让一些人下不来台。相比之下，公司里新来的一位采购就汲取了老采购员演讲风格的优势，同时也根据自己谨慎至上的性格对这种演讲风格进行了调整："今天我就来说说咱们公司的'三高'问题，一是压力高，我们采购员有几条红线是不能踩的，踩上去人就直接反弹上天了，我就差点犯这种错误。二是质量高，我们现在的竞争环境十分严酷，客户要求越来越高，所以我们近期采购的原料都是业内最高标准，我差一点就犯了'勤俭节约'的'好习惯'，这种作风我能接受，但是客户可不答应啊。三是心气高，我们这些新来的采购现在个个摩拳擦掌，都希望把工作干好，不过光有冲劲还不够，还需要部门的一些老员工多帮助。"

和那位嘲讽力度拉满的老采购员相比，这位新采购员虽然模仿了俏皮话式的演讲，但措辞的犀利程度被刻意压制了，而且处处拿自己作为反面典型，这样和风细雨地提出问题就容易被同事和领导接受，不会产生内部矛盾。这就是一边模仿他人的演讲风格，一边确立属于自己的演讲特点。

总有人会问，模仿别人会不会迷失自我呢？事实上的确存在这个可能。但要想塑造自我，首先就得失去自我，这就是"不破不立"的道理所在。当然，你要在模仿他人的过程中为自己的独特保留一分空间，那么只要经过千锤百炼的实践之后，你终有机会形成属于自己的独特演讲风格，那时候的你才真正有资格告诫别人：切勿盲目模仿，还需保留自我。

4

挖掘自己的闪光点

每个人身上都有属于自己的闪光点，这些闪光点构成了一个人的特质，它不仅是我们人生道路上攻坚克难的有力武器，也是社交舞台上展示自我的闪亮标签。当你在为模仿哪位演讲者而犹豫不决时，当你在为树立哪种演讲风格而举棋不定时，不妨先回头审视一下自己，看看自己身上有哪些可以被挖掘、被展示的闪光点，或许，这才是你开启一段演讲之路的起点。

个人的闪光点体现在演讲中，就是我们常说的演讲风格，但这个风格有时候并非一厢情愿能完成的。有的人明明缺乏幽默感，却喜欢采用"幽默型"的演讲风格，结果一开口就是尴尬的冷场；同样，有的人缺乏深厚的知识积累，却喜欢采用"深刻型"的演讲风格，结果沦为听众眼中的笑柄。

了解你自己，是超越你自己的重要前提。

一般来说，一个人的演讲风格由以下三个元素构成：讲话结构的设计思路，组织语言的表达习惯，与现场匹配的舞台感。当这三大要素结合在一起之后，你的个人风格才会被充分展示出来。

第一，讲话结构的设计思路。

正如我们在第二章分析的那样，设计思路可以但不限于五种方法，每一种方法都有各自的优势和劣势，关键在于你能否驾驭它们并将其优势最大化、劣势最小化。下面，我们就逐个分析不同的讲话结构都适用于哪些人。

1. 四段法

四段法是通过四个环节来搭建演讲结构，它比较考验一个人的逻辑思维能力。因为如果一个人不擅长进行缜密的逻辑思考，很容易导致四个环节出现脱节或者错位的情况，比如把开场和切入主题混为一谈，或者在收尾时没有进行概括全盘的总结，这样不仅不会给听众清晰的思维导图展示，反而会暴露出你的思维劣势。因此，不擅长"左脑思考"的人，选择这种讲话结构存在一定风险。

2. 三段法

三段法和四段法相比减少了一个环节，但这并不能简单理解为它更简单，因为三段法是需要通过故事引导的方式切入主题的，比较考验一个人的叙事能力，也就是"右脑思维"。那些平时从不擅长讲故事、叙述一件事会让听者不明所以的人，很难驾驭这种讲话结构，导致在开场这个环节就会暴露自己的缺陷。

3. 两段法

两段法的精髓在于论证，而提出问题只不过是为论证做准备，所以这种讲话结构比较考验一个人的知识储备能力。因为在论证时会牵涉到大量的理论和数据，甚至要面对现场听众的随机提问，当然这并不是要求你必须成为一个博览群书的大师，只要你能在某个专业领域内有一定的深耕细作，那么采用两段法是不太可能让自己暴露缺陷的。但对于自己不熟悉的领域就不要选择这种设计思路，特别是当你的听众比你更专业时。

4. 一段法

一段法从结构上看非常简单，但它要求一个人有较强的概括能力，也就是别人用十句话说完一件事，而你只用一句话就能说完。通常这意味着你要么有丰富的工作经验，要么有复杂的社会阅历，能够从庞杂琐碎的信息中提取出关键点来。所以，如果你只是逻辑思维较强但欠缺实践经验，那么一段法同样可能不适合你。

5. 无段法

无段法的奥义是用聊天的方式进行演讲，它更考验一个人的临场应变能力，因为它没有具体的提纲，也会随时面对听众的提问，所以不擅长应变的人轻易不能选择这种设计思维，除非你和台下的听众关系比较熟悉。因此，最适合采用无段法的人应该是演讲经验比较丰富且善于与听众沟通的人。注意，这里所说的沟通包含着两个方面：一是向别人输出观点的表达能力，二是懂得提取对方关键信息的倾听能力。

第二，组织语言的表达习惯。

我们在第三章中讲到的话术选择，其实就是演讲中的表达方式。当然我们也强调过，不同的场合往往会采用不同的表达方式，只不过在众多风格中我们会有一个"主风格"，而它就是展示我们个人特质的主要手段。

1. 深刻型

深刻型并非一定要求演讲者在思想层面有多么深刻，而是要针对演讲主题有足够深入的思考，至少拥有一个全新的切入角度。所以它并不严格要求演讲者在知识储备或者实践经验上有什么门槛，只要认真地对演讲主题进行过思考即可，这样即便听众不同意你的见解，至少也会承认你是拥有一定想法的人。

2. 幽默型

幽默型更多依靠的是一种个人特质，这是一种比较外显的特征。如果你身边的人从未说过你有幽默感，那么基本上你就真的不擅长插科打诨。当然你可以在深刻型的演讲中穿插一个精心设计的小笑话，达到让听众会心一笑的程度即可，但不要将幽默作为主要元素贯穿演讲始终。

3. 坦诚型

坦诚型取决于两个因素：一个是善于沟通的特质和经验，另一个是演讲者与听众的关系。前者是通过日常学习和工作逐渐积累形成的，你可以通过听众的反馈得知自己是否做到了"自然而然地演讲"；而后者则是客观存在，即你发表演讲的场合与背景。只要符合两大因素中的一个，那么选用坦诚型的表达风格就不会犯错。

4. 干练型

干练型更多地体现在一个人日常工作和生活的习惯中，很容易进行判断。比如你就是一个习惯今日事今日毕的人，那么选择这种表达方式就很符合你的个性；但如果你是一个拖延症患者，那么你身上必然会缺少这种特质，很难给予听众"简短有力"的表达效果。

5. 创意型

创意型通常适合那种脑海中有"灵光乍现"想法的人，比如在广告策划、市场营销、产品设计等开发前端的人。这类人经常参加头脑风暴，耳濡目染地就学会了不少创意技巧，哪怕在发表即兴演讲时没有灵光乍现，也能依据经验临时"攒"出一两条金句，而这就是你选用这种表达方式的资本。

6. 煽情型和激情型

煽情型和激情型都比较考验一个人感染他人的能力，通常这类人同理心较强，因为只有善于共情他人的人才有能力让他人与你共情。如果你在工作和生活中非常不善于理解他人，那么选择这两种表达方式无异于给自己找麻烦。

第三，舞台感。

所谓的"舞台感"其实就是演讲中的表演部分，比如一个人站在台上是否能做到表情自然、是否能面不改色心不跳地和听众互动以及处理各种突发事件的能力。一般来说，在日常生活中经常组织各种活动、善于调节他人矛盾的人，舞台感都会比较强，因为他们懂得如何在大众目光的注视下表现自己，也懂得如何处理人际纠纷，这里面包含着一定的天赋，但也需要长期的经验累积。

当然，缺少上述两种能力的人，也不必担心自己驾驭不了舞台，我们依然可以通过扬长避短的方式尽量不暴露自己的缺陷。比如在登台之后尽量少和听众互动。选择向自己比较熟悉的听众提出问题，尽量控制"意外事件"的发生，至于表情和动作的自然程度，这个很难掩饰，但我们也可以通过真诚的态度积极面对，比如一上台发觉自己有些紧张，不如这样对听众说："今天临时登台演讲，有点小激动，也有点小紧张，请大家谅解。"这样一来，即便你的舞台感不强，但听众也会对你有所包容。怕就怕在你自以为能掌控全场，结果洋相频出，这才是真正败好感的行为。

如果你是一个演讲的初学者，请不要担心自己是否能拥有独树一帜的风格，也不要担心因为模仿他人而丧失了自我。实际上，每个人最终都能找到符合自身特征的演讲风格，因为你就是独一无二的，即便你有意去复刻他人的演讲风格，也总会下意识地保留属于自己的某些特征。这些经过天长日久地反复训练，就会让你形成独具特色的风格，它就是你站在台上勇敢面向听众的自信源泉。

5

训练表情和动作

演讲不仅是演说的技术，也是表演的艺术。一个演讲者能否在演讲中充分利用表情和身体语言来增强表达效果，对于演讲内容的传递有着至关重要的意义。有些演讲者并不看重表情和动作在演讲中的作用，一是因为在日常训练中不够重视，没有形成"肌肉记忆"；二是因为在演讲中过于紧张，把全部注意力都集中在了口语表达上。实际上，从听众的视角来看，当一个演讲者能运用自如地进行表情管理和动作设计时，才是内心真正得到放松的表现。

从另一个角度看，演讲者利用表情和动作进行辅助表达，也能在一定程度上缓解内心的紧张。因为肢体语言能够带动我们自身的情绪，分散注意力，让我们不必高度紧张地关注遣词造句是否存在错误，给我们制造一种"我们正在努力表现"的错觉。所以，不管你是活泼好动的还是成熟稳重的，适当地在演讲中加入表情和动作的变化是有现实意义的。下面我们就从表情管理和动作设计两个方面简要分析一下。

第一，表情管理。

虽然人们总会强调内在超越外在，但对于陌生人来说，他们判断自己是否喜欢一位演讲者的首要渠道还是外在。当然这里所说的外在并不是狭隘地指演讲者的容貌，而是演讲者的表情管理，因为表情传递的是情绪，是一种感性交流，是最容易获得听众印象分的表现。因此，演讲者切不可盲目自信地认为：我的演讲内容足够精彩，已经不需要用面部表情来传递了。事实上，若是不能很好地控制表情，演讲内容也会变得黯然失色，失去对听众的吸引力。

当然，普通人不可能像专业演员那样游刃有余地控制好表情，其实我们要做好的是以下三点。

1. 保持微笑

微笑是最朴素也是最常用的表情管理模板，微笑如同润滑剂，能够快速提升你和听众之间的好感度，特别是在双方还不熟悉彼此时。如果你能做到在演讲中全程保持微笑，那就注意在微笑的时候轻轻抬起眉毛，嘴角轻微上扬，这样的微笑看起来，会给人一种自然真诚的感觉。当然，也有的人在日常沟通中总是不苟言笑，很难在演讲全程保持微笑，我们也不强人所难，但至少要求自己在开场、中场和收场时对听众报以微笑，这样也有助于提升你的个人魅力。如果你实在找不到微笑的感觉，可以在平时进行微笑训练：一边照镜子一边回想一些开心的事情，找到一个你认为最适合的标准，然后记住它。

2. 眼神交流

眼神是演讲者和听众交流的桥梁，尤其是在现场听众比较多的环境下，我们的声音可能显得不够有压制力，但我们可以通过眼神交流来传递内心的自信以及对听众的友善。有的人习惯在演讲中进行虚视，即不盯着任何一个人看，其实这样很容易被听众认为你非常紧张，以至于"不敢看听众"，所以我们要大胆地和听众对视，时间不需要太长，点到为止即可。需要注意的是，演讲者的视平线所在的高度一般会高于听众的高度，所以下巴不要抬得太高，否则会给人一种高高在上的傲慢感。

3. 演出表情

演出表情指的是演讲者在讲故事时所搭配的表情，这个存在一定难度，因为它属于表演的范畴。如果你能够戏剧性地模仿故事中人物的表情，那必然会增强故事的画面感，也能调动听众的积极性和参与感，会将整场演讲带入到一个高潮阶段。当然，如果你确实不擅长做戏剧化的表情，那也可以通过语气的变化来增强故事感，总之要量力而行。

第二，动作设计。

当你在演讲中能够熟练使用各种肢体语言的时候，就能充分增强演讲的说服力，提升个人魅力，让你的演讲充满感染力。

一般来说，演讲中最重要的动作设计就是手势设计。有些人站在台上之后，总是不知道把手放在哪里，所以给人一种"手足无措"的感觉，让听众觉得不够自信。还有另外一种人，学会了不少手势，却在使用时显得不自然，给人一种呆板、做作的感觉。

通常，演讲的手势分为静态和动态两种。

静态手势，是指手在不动的情况下所摆放的位置，一般可以放在腹部前面一点，也可以双手合十或者双手互相握住。当然这些静态姿势不能全程保持，这样看上去会很可笑，要有开有合，动静结合，同时配合演讲内容进行调整。需要强调的是，在演讲时上臂和手肘不要紧密地贴在躯干上，这样会显得很拘谨，要尽量地脱开一段距离。

动态手势，是指双手为了配合演讲内容的输出而进行的动作切换，通常有以下两类手势。

1. 肩部以上

当双手活动范围在肩部以上的区域时，通常这是要表达一种比较强烈的感情，例如振臂高呼、宣誓号召等。此类手势不宜频繁使用，而是应该在演讲的高潮部分使用，效果才能最为明显。

2. 肩部到腰部

当双手处于这个活动范围时，通常是为了说明或者论证，也是演讲常用的手势区域。需要注意的是，在这个区域内活动，要尽量让双手位于腰部和脖子之间，这是为了充分释放你的气场，因为如果放在下半身的区域就很难让听众看到，导致失去了力量感。

除了上述两类手势之外，还有一些独立的、带有特殊意义的手势，比如表示安静的嘘手势，表示胜利的 V 字手势等，这些可以根据你的演讲内容或者现场情况合理使用，但要注意正确用法，既不能太夸张，又要让听众清晰地看到。

在设计手势动作的同时，我们也要注意走动的动作。因为演讲者通常不会在一个固定位置上一动不动，为了和听众拉近距离要进行走动，这样才能让每个人都能感受到你的气场。在走动时，演讲者不要背对听众，尽量面向所有人，走动的路径可以先从中央地带开始，走到左边停顿片刻，然后再走到右边停顿片刻，具体的时长要根据演讲总时长来确定，因为如果只演讲一分钟，那么走动也就显得没必要了。

一次成功的演讲，考验的绝不仅仅是一个人的语言技巧，还有一定的表演功力和控场心态，这些并非一日之功，需要台下经年累月的刻意练习。只有当你的表情和动作到位了，气场才会变强，演讲才能充满激情与活力。

如果说语言的交流是演讲者和听众在思想层面的沟通，那么表情和动作的展现就是演讲者和听众在情绪层面的互动。当我们能够熟练使用表情和动作传递情感、带动情绪、增强氛围时，才代表着我们真正将演讲内容吃透并融化在言谈举止和一颦一笑之间，而这才是演讲最终追求的表达效果。

CHAPTER 6
第六章
临场技能：
处理突发状况

1

脑子空白：用套路消除尴尬

相信一些人在演讲时有过"大脑一片空白"的尴尬情况：本来在上台前已经做好了相应的准备，然而在面对台下的听众时，嘴巴张开却不知道该说些什么，手势做了一半却又不得不窘迫地放下，眼前的景象开始变得模糊，耳畔的声音也逐渐变得嘈杂……此时此刻，最想做的事情就是找个地缝钻进去。

对于即兴演讲来说，没有事前充分做好准备的机会，无法像正式演讲那样提前写好稿件，而所谓的"腹稿"也不过是在脑海中匆匆过一遍而已，具体能讲到几分全看临场发挥，所以在这种情境下的演讲发生意外也是人之常情。不过问题来了：为什么有的人在面对即兴演讲时却能游刃有余地超常发挥呢？除去经验之外，更重要的就是采取一系列的防范措施，避免或者减少"大脑一片空白"的情况发生。下面，我们就来探讨一些常见的预防措施。

第一，演讲稿件。

其实很多即兴演讲并非全无准备，演讲者在上台前或多或少会被提前告知有演讲的可能，至少我们可以给自己大致留出一点提前量。至于那种完全没有准备的即兴演讲，通常也在三五分钟之内，反而不会太为难我们。当然，这个所谓的提前量和正式演讲相比也还是显得短暂，而我们要做的就是充分利用这个短暂的时间将演讲稿件最大限度地准备好，从而建立第一道防范意外发生的保护屏障。

一般来说，即兴演讲按照性质和场合可以分为三种情况：场面型演讲、分享型演讲和演出型演讲。

场面型演讲重形式而轻内容，通常是在参加活动时走走过场，随便上去讲两句，只要把场面话说到位，基本上就不会出现"翻车"的情况。所以，这种演讲稿是非常容易草拟好的："大家好，我是某某，很高兴能够参加今天这场活动。感谢主办方的付出，这次活动意义非凡，预祝活动举办成功，谢谢大家……"这类演讲稿的核心就是表达出感谢和送出祝福，所以上台后完全不必紧张，只要把程式化的内容复述一遍即可，听众也不会在意你的演讲内容是否有"干货"，只要确保不失礼仪、给足主办方或者东道主面子即可。

分享型演讲难度稍高一些，通常是重内容而轻形式。比如一些公司内部的策划会议、学术交流等，不过这些场合的即兴演讲并不会太多，至少作为参加者应该有上台发表看法的心理准备，所以无论你是否确定会被邀请上台，都可以提前做一点准备，先把演讲稿草拟出个七八成，以防万一。由于分享型演讲不要求演讲者在表达技巧上多么突出，所以你大可不必把注意力放在如何控场以及如何与听众互动这些环节上，只要输出一些有价值的信息即可。当然，克服紧张心理的最好办法就是准备好有说服力的数据，在你需要向听众说明时直接拿出来即可。也不必费劲唇舌进行描述，围绕核心观点说出至少两条内容即可，越是简化细节就越能缩短演讲时长，也会减少你出错的概率。

演出型演讲常见于非正式场合，比如同学、朋友聚会，你上台的核心目的不是为了输出干货，也不是为了走过场，而是为了表达情感，比如同学情谊、江湖情义等。所以这类演讲的精髓是传递感情，不需要华丽的辞藻，也不需要严密的逻辑关系，只要把氛围烘托到位即可。比如在朋友聚会时可以这样说："今天真是特别激动，在座的各位都是我从小玩到大的朋友，刚才有那么一会儿，我好像又回到了三十年前，我和你们都变成了小娃娃，无忧无虑地追逐打闹。现在我就为你们这些小娃娃送上我最衷心的感谢——感恩有你，陪伴始终！"不需要理论总结，也不需要文字修饰，把内心的真情实感表达出来，基本就能博得听众的共鸣，越朴实无华越能打动人心。

第二，演讲留白。

既然我们都害怕发生"大脑一片空白"的尴尬情况，那么应对它的最好方法就是"用留白打败空白"，这就涉及表达的技巧。当我们站在台上意识到自己说不下去的时候，不必考虑如何把空白填补上，而是故意把这段空白跳过去，插入一个小故事或者一段个人经历："我看大家也是听得累了，这样，我先讲个小故事活跃一下气氛。"如果实在想不出一个精彩的故事，也可以讲述发生在自己身上的事情："说到这儿我想起来前天经历的一件事儿……"这样一来，大家都会认为你的"空白"是有意地"留白"，你也就巧妙地避免了尴尬。而当你讲完小故事或者个人经历之后则可以这样拉回来："这就是我要跟大家分享的故事，我今天要说的主题也在这个故事里，大家不妨认真品味一下，谢谢各位！"这种讨巧的收尾方式虽然有点"无赖"，但既然你已经无法顺利地讲下去，这就是最体面的一种结束方式了。当然，如果你的状态恢复过来，也可以不必和故事进行强关联，把它当成是插播广告绕开，接着输出内容即可。总之，留白是一种避免尴尬的权宜之计，视具体情况使用。

第三，转移注意力。

如果你的大脑一片空白了，那么最好的解决方法是"嫁祸于人"——开启和听众的互动环节。当然，这里所说的互动肯定不是那种高明的互动了，因为如果你还能熟练地与听众沟通，那大脑也不可能陷入危机。所以这里的互动就是简单地向听众提问,强行拉听众下场来转移注意力。比如你可以微笑着面向听众："说到这儿，有没有人和我有一样的感慨呢？请举手。"如果有人举手，你可以马上让对方起来说两句，然后总结几句就可以强行收尾了。当然，如果听众不配合的话，你也可以通过主动点将的方式找一个看起来不怯场的人发言,帮助你渡过"空白危机"。总之,你要把自己的尴尬从台上转移到台下,用不显山不露水的方式掩盖掉你的失误。

用套路来化解、隐藏尴尬,某种程度上确实是在"糊弄"听众,但对于主办方或者东道主而言,这种"糊弄"也总好过你在台上出丑。当然,最根本的克服方法还是尽量不要紧张,不要在上台前给予自己太多压力,更不要妄想着来一场滴水不漏的演讲。因为很多时候,正是我们对自己的严苛要求才加剧了紧张心理,只有对自己"放松要求",才能让紧绷的神经得以放松,让我们以最佳的状态面对听众。

2

短暂失忆：做好万全准备

忘词，是很多演讲者最常见也是最担心的尴尬场面，它和"大脑一片空白"不同，演讲者并非处于高度紧张无法继续演讲的状态，而是精神上做好了准备，脑子却跟不上了，无法把事先准备好的台词一五一十地讲出来，在台上彻底"卡"住了。有意思的是，很多演讲者在台下都是自信满满的，他们的脑子里摆放着一张写满清晰字迹的稿纸，然而一旦上台之后，这张稿纸上面的字就开始变得模糊直至彻底消失。

既然忘词会将我们窘迫地"晾"在台上，那么我们就要做好万全的准备应对这种突发状况，下面我们就来介绍八种常见的应对策略。

第一，纸张救场法。

对于演讲新手来说，出丑是很难避免的，那么最保险的方法就是在上台前简单写一张草稿纸，把自己要讲述的重点内容都罗列在上面，这样当自己忘词时只要看一眼就能想起来后面要说的内容了。当然这个方法缺点很明显，就是会让听众一眼看出你是个新手，而且临场状态不佳，会被扣掉一定的印象分，但也能让你最稳妥地避免忘词危机，个中利害关系就得由你自己来决定了。

第二，手心写字法。

顾名思义，这是一种非常传统的"作弊"方法，即把演讲重点写在手心上，当你忘词的时候只要偷偷地瞄上一眼就能想起来下面的内容。和纸张救场法相比，手心写字法更加隐蔽，但也因为手心面积有限，所以只能对演讲内容进行高度提炼，如果你在这方面准备不够充分，建议还是选择纸张救场法。

第三，跳跃回忆法。

前两种方法都属于借助工具的救场方法，而跳跃法则是通过语言表达技巧来解决忘词问题。它的使用诀窍就是如果忘掉了下一句要说的内容，不妨直接跳到下下一句，虽然在逻辑上会显得不够严谨，但总归比冷场要好得多。需要注意的是，跳跃法的精髓其实不是让你彻底绕开忘词的部分，而是先说记忆深刻的地方，这样或许能刺激你回忆起刚才忘记的内容，等到想起来以后再回头进行补充，这样就能在逻辑上填补漏洞，只是在表达上变得不那么流畅而已。

第四，插话衔接法。

很多时候，我们的大脑不会真的彻底忘记要说什么，只是因为个人或者现场的原因在短时间内出现失忆。这时候我们不妨给大脑一个缓冲的时间，比如临时插入一两句和演讲内容相关的话，比如"我刚才提到了一个概念，可能有的听众并不理解，那么我再重新解释一下……"当你在解释这个概念时，脑子里可以快速回忆原本要讲述的内容，通常都能回忆起来。如果实在想不起来，也可以直接绕开，等到记忆恢复时再进行补充。

第五，提问遮挡法。

和现场听众互动是最常用的临场对策，当你实在回忆不起来演讲内容时，可以暂时停下来，面向听众说："前面我说过的这些内容不知道大家是否听明白了？"说完之后，你可以假装十分认真地扫视全场，利用这短暂的时间回忆忘掉的内容。当然，如果时间不够，那不妨再向听众提一个小问题，在听众回答的过程中继续回忆。

第六，重复衔接法。

当我们忘掉下面要说的内容时，可以把最后一句话再重复一遍，这样做的目的有两个：一是拖延时间，给自己留出回忆内容的空当；另一个是通过重复来刺激大脑找回记忆。一般来说，只要你不是处于高度紧张的状态，大脑总会回忆起下面的内容。如果实在回忆不起来，你也可以临场新编一点内容和后续内容衔接上，形成完整的思维链条。

第七，过渡缓解法。

很多时候，我们忘词的根本原因不是大脑罢工了，而是精神状态不够放松，所以这时我们不要强迫自己拼命回忆信息，而是给予自己一个放松心情的机会，把紧张的情绪转变为激动的情绪，从正面来刺激我们强化自信，这样即便不能马上回忆起演讲内容，也会让我们更自然地站在台上，把演讲顺利地推进下去。比较常用的话术是："今天看到现场的这些朋友们，我实在是很激动，有千言万语想对你们说，大家愿不愿意为我来一点鼓励的掌声呢？"这样当听众给予你热烈的掌声后，你原本的紧张心态也会得到缓解，也就容易想出有效的应对策略了。

第八，串联重构法。

如果你发表的是有关学术类的"硬核"演讲，不容许你在逻辑上出现硬伤，那么你可以尝试采用更高端的应对策略，那就是用你脑海中的一条线来串联"记住的内容"和"忘掉的内容"。毕竟你的演讲主题肯定有一条主线来贯穿，ABCD四个点存在着密切的逻辑关系，这样当你讲完了A点而忘记了B点时，可以先快速过一下C点，判断由A点跳到C点是否合理，如果不合理，问题又出现在哪里？这个缺失的逻辑关系就是B点。

解决演讲忘词的方法并不局限于以上提到的八种，不同的演讲场合、不同的忘词情况所适用的解决方案也是不同的，这都需要你自己来决定，切不可盲目使用。总之，忘词的"祸根"还是心理素质不过硬，出现了临场退缩、紧张等负面心理，所以我们一方面要多演讲，多锻炼心理素质；另一方面也要学会随机应变的小窍门，让我们从容地渡过忘词危机，力争成为一个以不变应万变的演讲高手。

第六章 临场技能：处理突发状况

3

嘘声四起：以不变应万变

每个演讲者都想在台上赢得热烈的掌声，然而现实和理想往往存在差距，即便我们平时注意训练，即便我们走上台前做好了一定的准备，当我们开口时总会犯下意想不到的错误，而台下的听众不可能人人都是高素质，总会有人用笑声甚至是嘘声来嘲讽我们的失误，这时候我们就迫切需要化解尴尬的有效办法。

或许有人会说，既然台下有听众表达出了对自己的不满，那就不妨和听众硬碰硬来一次辩论，一来能够转移注意力，二来为自己赢回面子。实际上，听众的"恶意"有时候并不容易判断，有的人只是单纯觉得你演讲的内容不好玩、不能吸引他，于是就出现了笑声；有的人则是跟着瞎起哄，这样的人如果被你当成打击的对象，对挽救现场气氛于事无补，反而还会制造新的矛盾。所以我们应当遵循孟子的教诲——"君子莫大乎与人为善"，用礼貌来回击现场的各种不和谐之声，推荐采用四种实用的方法。

第一，搁置争议法。

如果有听众不认同你的某个观点，或者对整个演讲都不喜欢，那你不必假装无视这种反对之声，而是应该大胆、公开地提出来："看来有听众有不同的意见，这个态度很好，不要因为我站在台上就把我当成了权威。不过咱们时间紧迫，请大家先容许我把话说完，等一会儿咱们找个时间私下聊聊。"这样一来，你在明面上有"服软""求和"的意味，反对者也不好意思继续干扰，而"私下聊聊"其实是大多数听众不会真的去做的，因此这就能很好地化解危机。

一位社会学者在一次即兴演讲中提到了"公正"这个词，忽然有听众发出质问："这个世界上有公正吗？"声音一出，现场顿时鸦雀无声。而演讲者停顿了一下说："这个问题问得好，其实我也经常感到困惑和茫然，有时候也会怀疑这个世界是否存在公正。但是我想，这个问题的答案不该由我来回答，因为公正自在人间，你们在座的每个人才是真正的发声者和解答者！"话音刚落，大家纷纷报以热烈的掌声。

这位演讲者的聪明之处在于，他没有正面回答这个问题，因为无论是肯定还是否定都可能带来更大的争议，导致演讲无法顺利进行。所以他采用了搁置争议的办法，并巧妙地把"火力"转移到了在场的每一位听众身上。这样一来就没人敢再发出质问，因为质问的将不再是演讲者，而是现场的听众。

第二，反唇相讥法。

如果台下的听众确实恶意满满，在多次的口头或者眼神提示下依然在现场发出不和谐的声音，影响到了演讲的正常秩序，这时候我们也没必要无底线地退让，而是可以用礼貌的口吻说："敢于质疑是一种优秀的品质，台下有一位听众就表现出了这种可贵的品质，现在我也忍不住想要知道这位听众到底有什么不同的看法。这样，我给你一分钟的时间，请你简单给大家介绍一下好吗？"这样的话术表达，一方面能够挫败对方的戾气，另一方面用"一分钟"来限制对方的发言时间（假设对方真的敢上台和你唱对台戏），既给对方保留了最后的面子，也为自己争取到了全身而退的空间。当然，最理想的状态是对方知趣地闭上了嘴，而非真的跟你硬碰硬，这样会彻底打乱你的演讲节奏。所以这里分享一个小技巧：当你准备邀请对方上台讲话时，可以直视对方的眼睛，如果对方丝毫不躲避你的视线，那说明对方是真的有备而来，这种情况则建议切换到"搁置争议法"，避免场面变得不可控；而如果对方表现出明显的动摇和心虚，那就可以继续用反唇相讥法来打消对方的气焰。

第三，自我解嘲法。

如果台下的听众仅仅是表现出了轻度的不尊重和不礼貌，而且很难找出一个典型的话，那前两种方法都不太适用。这时候最好的办法就是通过自嘲来赢得听众的好感，降低彼此之间的敌意，同时让大家重新审视、了解演讲者，把之前丢掉的印象分重新加回来。

成龙在一次演讲时，无意中把成语"历历在目"说成了"目目在历"，结果台下的观众也很不客气地直接笑了出来，场面略微出现了失控的征兆。然而久经阵仗的成龙马上用自嘲的方式来救场："目目在历和历历在目是一样的。话就是人家编的，就好像'duang'就是我编的，这个就是我的话。搞电影的都是'幕幕'在历，就是每一个屏幕上的画面我都经历过。"因为"duang"是当年的一个流行梗，成龙用自己的梗来做注解，成功化解了尴尬，现场气氛很快恢复了正常。

自我解嘲是一种适用性很强的方法，因为它将矛头对准了自己，可以展示出演讲者的智慧和气度，将矛盾的最小化，对于维护演讲者的个人颜面和主办方、东道主的面子都非常具有现实意义，是首选的应对策略。

第四，因果颠倒法。

这是一种高智商的应对策略，核心原则就是"把听众的捣乱解读为演讲的必然结果"，也就是让负面现象合理化，这样就从根本上消解了演讲者的尴尬，同时也能对捣乱者进行一定程度的回击。这是一种高段位的打法，适用于那些具有丰富控场经验的演讲者，新手则不要轻易尝试。

美国前总统奥巴马有一次在耶路撒冷对以色列的大学生发表演讲时，忽然一名学生站起来对其反驳，现场秩序顿时混乱起来。然而奥巴马却没有慌乱，更没有生气，而是冷静地对大家说："这就是我们刚刚谈到的现场讨论的一部分。我必须说，事实上，这是我们安排的，这样才让我感觉像在家（美国）一样。如果没有闹场者，我会感觉怪怪的。"这一番话说得反对者哑口无言，同时也博得了在场学生的尊重和认同，大家纷纷起立为奥巴马的临场应变能力送出掌声。

因果颠倒法要求演讲者具有处乱不惊的心理素质，不会轻易被他人的挑衅乱了阵脚，这样才有能力进行反击，所以需要多多积累演讲经验才能熟练运用。

当我们经历的演讲场合越多，接触到的听众类型也就越多，有的人素质高、懂礼貌，有的人不拘小节，还有的人心怀歹意……作为演讲者来说，无法选择听众，但我们可以选择适合自己、适合现场情况的应对策略，在尽量尊重对方的基础上进行合理反击，这样才能把自己巧妙地从难堪的境地中拉出来。不要轻易选择过激的方法，因为这不仅会让对方恼羞成怒，也会让你的演讲彻底失控。能用微笑解决的矛盾，我们就要毫不吝啬地报以微笑。

4

残酷冷场：以动制静是最佳策略

如果说嘘声四起代表着听众还在关注演讲者，那么冷场则是听众对演讲者最残酷的无视——你说什么我们都毫无反应。从这个角度看，冷场对演讲者情绪的打击在某种程度上要超过负面的反馈，因为这等于把演讲者万分尴尬地晾在了台上，陷入自说自话的极度窘迫的状态中。

实际上，冷场是演讲者最容易遭遇到的场景，不管是面向员工的领导还是面向学生的老师，都可能面对一群低头不语甚至玩着手机的听众。你说的好与不好，别人都毫不在意。那么，我们该如何化解冷场带来的尴尬呢？下面就介绍五个"动感"方法。

第一，让自己动起来。

冷场产生的一个重要原因在于，演讲者和听众始终保持着一个"安全距离"，这个安全距离是对听众而言的，也就是你在台上说什么，都几乎不影响台下的听众做着自己的小动作。这种距离感让听众和演讲者仿佛身处两个不同的世界，那么消除这种距离的最好办法就是"走到听众中间"。在你演讲的过程中，可以适当地走近听众，用微笑的表情和真诚的眼神与他们对视，这样他们就不得不放下手中的"工作"来回应你，这种微妙的压力变化会迫使听众开始关注你演讲的内容并作出反馈。当然，走动不宜频繁，你可以有针对性地采取这个措施，比如A区的听众在认真聆听，而B区的听众在交头接耳，那你就可以多去B区转一转，掌握好走动的频率，这样既能维持听众的关注度，也不至于打断你的演讲思路。

第二，让听众动起来。

这里所说的"动起来"指的是演讲者和听众之间产生互动，这也是一种万金油的临场应对策略。不过需要注意的是，冷场时对听众提出的问题一定要"够劲"，要具有争议性和话题性，千万不能是开放自由的提问，比如"你们同意我的观点吗"或者"大家有什么想法可以说出来"，这类提问多半会以听众的沉默而告终，反而让演讲者更加尴尬。最好的提问应当是"你们觉得现在男人活得更累还是女人活得更累"或者"你们是更爱钱还是更爱权力呢"，这类问题很容易引起大家的讨论，而一旦把一个争议性的话题丢进听众的大脑里，他们之前的惰性、懒散和漫不经心就会被迅速消灭，取而代之的是热烈的讨论，这时的听众才能意识到自己并非演讲的旁观者，而是参与者，才会积极地融入进来。当然，演讲者要尽量控制互动环节的时间占比，最好提出和演讲主题有关的话题，否则就会喧宾夺主，让冷场变成了跑题，这同样也是演讲的失败。

第三，让话题动起来。

如果冷场的残酷指数到达了顶点，也就是演讲者在现场走动、与听众互动之后都无法产生预期效果，这很可能就是听众对演讲主题实在不感兴趣了，与其绞尽脑汁调动听众的积极性，还不如直接改变演讲的主题（客观条件允许的前提下）。虽然听起来有些反常规，但即兴演讲本来就没有严格的要求，如果你选题的方向"不得人心"，改变主题也是一种权宜之计。比如，你受邀参加一次行业内的聚会，临时被请到台上发表即兴演讲，你选择了"应对行业寒潮"作为演讲主题，本以为大家都会感兴趣，却没想到主题过于沉重，大家并无心思认真聆听。这时就可以话锋一转："看来大家对寒潮都有些心理阴影，其实我也是，那咱们就不妨来一次脑洞大开，穿越到一个没有爆发经济危机的平行世界，然后畅想一下我们会有什么新的商业计划！"紧接着就把原选题中的部分内容移植到新的话题中，而"平行世界的幻想"对听众颇有吸引力，大家自然会产生更高的关注度，加之内容有重叠，也不会超出演讲者的知识经验范畴，驾驭起来并不难，现场气氛却得到了改观，这种临时改变主题的做法就是成功的。

第四，让语言动起来。

同样一个话题，用不同的语言描述会产生不同的表达效果，而这也是一些演讲者总是遭遇冷场的根本原因——语言缺少变化。其实，这不是简单地要求演讲者要有风趣幽默的语言风格，毕竟幽默感在一定程度受到天赋限制，不能强行要求每个人都变身为段子手。但我们可以尽量让语言活跃一点，把静态的词义变成动态的表达，以此来吸引听众的注意力。下面，我们就来对比两个不同的演讲稿。

演讲稿1

"今年我们部门痛定思痛，在复盘了去年的失败教训以后，重新整合了营销思维，改变了路径依赖的毛病，找到了属于自己的新赛道，通过建立区位优势成功占领新市场。对此我进行了盘点，总结出了三条经验供大家参考……"

演讲稿2

"失恋了，不能光是缅怀死去的爱情，还得学会反思青春，我们事业上失败了也是如此。有人撩汉撩妹一出手就有，为什么我们费尽心思只能当失败的舔狗？不要想着一招鲜吃遍天，要学会孙悟空的七十二变，打不过就找观音菩萨，总有降服妖怪的法宝。诸葛亮有锦囊妙计，我今天也有三个大招跟大家分享一下……"

演讲稿1采用了典型的"互联网黑话"式的词汇，具有一定的时代性，措辞造句并不老套，但对于很多人来说也并不新鲜，反而有一种"新八股文"的味道，所以语言在整体上还是缺少变化。对比之下，演讲稿2虽然讲的是相同的内容，却改变了整体的叙事逻辑，处处是比喻和借用，听上去就很新鲜有趣，容易抓取听众的注意力，有效地避免冷场。

第五，让内容动起来。

如果说改变演讲主题有一定的难度，并不适合演讲新手，那么在演讲的原稿中插入一些逸闻趣事，是很多人都能做到的。一般在冷场的演讲中，听众大概率是感受不到"乐趣"的存在，要么是对演讲本身不感兴趣，要么是对演讲缺乏专业和经验层面上的理解，而如果演讲主题又不能轻易切换，那么演讲者就有必要穿插一两个小故事给听众"提提神"，这就好像是劝孩子吃药然后给糖吃的道理一样。

孙中山有一次在广东大学（今天的中山大学）发表演讲，主题是他一生都在推崇的三民主义，不过由于礼堂比较小，听讲的人又很多，导致空气流通很差，最后很多人竟然昏昏欲睡，完全提不起精神，现场陷入一片"假死"的状态中。这时孙中山暂停了演讲，而是讲述了一则小故事："我小时候见过一个搬运工人买了一张马票（类似于彩票），因为没地方藏，就藏在挑东西用的竹竿里，记住了马票的号码，后来马票开奖了，中头奖的正是他。他欣喜若狂地把竹竿抛到大海里去，以为从今以后就不再靠这支竹竿生活了，直到问及领奖手续，知道要凭票到指定银行取款，这才想起马票放在竹竿里，便拼命跑到海边去，可是连竹竿的影子也没有了……"这则故事有笑点，有泪点，让人叹息难止，现场昏昏欲睡的气氛顿时被打破了，大家都活跃了起来，而孙中山则抓住机会继续说道："对于我们大家，民族主义这根竹竿，千万不要丢啊！"自然地切回到演讲主题上，取得了超出预期的效果。

冷场不可怕，可怕的是演讲者的大脑也处于"冷场"状态，既没有想着临时调整演讲内容或者演讲主题，也没有走到听众中间去"唤醒"他们对演讲的关注度，而是依旧照本宣科地自言自语，这种"静态"思维对抗"静态"气氛，结果自然不会符合预期。我们只有让脑子动起来，用"动态"的临场策略去应对"静态"的听众反应，才能改变演讲的走向，把冷场转化为"热场"。

5 设备故障：放弃对技术的依赖

如今，演讲已经不再是一个人、一张嘴、一个讲台的单一表演，而是集合了麦克风、扩音器、电脑、投影仪等多种设备的表演结合。哪怕是事先没有准备的即兴演讲，通常也会为演讲者提供几件设备，它们既是辅助演讲的工具，也是展示演讲水平的道具。那么，当这些设备发生故障时，作为演讲者该如何妥善地处理呢？下面，我们就来介绍一下常见的设备故障后的应对策略。

第一，麦克风。

麦克风几乎是任何演讲场合都不可或缺的设备，它能够起到提高音量、聚焦听众注意力的作用，对于大型的演讲场地来说尤为重要。那么，如果麦克风出现问题，演讲者该如何巧妙处理呢？

1. 明显的回音

很多时候，麦克风并不会彻底坏掉，而是会产生一些让我们心烦意乱的小故障，比如明显的回音，它会在传递我们声音的同时加入一种刺耳的声音，这不仅影响到我们正常收听自己的声音，更影响听众接收我们发出的信息。为了避免这种情况，我们在演讲开始前可以快速测试一下回音效果是否正常，当然测试的方法也要掌握一定技巧，不能"嗯嗯啊啊"地直接测试，这会在现场产生不必要的噪音，最好的办法是对听众说几句客套话，比如"感谢主办方给我一次发言的机会，谢谢大家……"简短的几句话既能保持应有的文明礼貌，又能测试出麦克风的表现效果。

2. 彻底无声

比回音更可怕的就是麦克风当场"罢工",彻底发不出任何声音来,通常这种情况很难提前测试,因为一个完全坏掉的麦克风按照常理是不会出现在演讲现场的,只能是由于各种突发原因中途坏掉的。遇到这种情况不要慌张,最高效的办法是让现场的工作人员为你更换一部麦克风,如果没有备用设备,那么就只能让工作人员检查一下设备,看看是否可以尽快修好。当然,演讲现场可能根本没有专业的工作人员,这意味着你只能在脱离麦克风的状态下继续进行演讲,这时就要考验你的临场应变能力了。

一般来说,在一个100人左右的现场,只要你声音稍微大一点,大部分听众还是能够听到你的声音的。此时无论是工作人员在修理设备,还是已经无法正常使用设备,你考虑的只能是一件事:缩短演讲内容,尽快结束演讲。因为你的声量很难保持十几分钟甚至更长的时间,到最后难免会出现嗓子发哑、音量降低的情况,这样演讲将会以一种尴尬的方式收场。不如索性缩短内容,在几分钟之内结束战斗。

如果现场听众数量超出100人,是一个能容纳几百人的大型会场,情况就会更加复杂一些。一般来说,这种大型活动现场不会只有一部麦克风,也不会没有任何技术人员,但我们也不能排除最糟糕的情况——既无替换设备也无技术人员,而如此空旷的场地单靠肉嗓子是很难覆盖全场的,这时最好的解决方案就是用尽你最大的气力告诉听众:"抱歉各位,现在设备出了故障,请大家中场休息一下,稍后我们继续。"这样就能争取一定的时间,在这段时间内告知主办方弄来一套替换设备,让演讲能够顺利进行下去。而如果主办方连这个困难都解决不了,那我们只能遗憾地告诉听众:"不好意思各位,由于设备原因演讲暂停。"

第二,电脑。

很多演讲场合需要展示PPT或者其他图像、文字资料,这就离不开电脑，而即兴演讲也有小概率会使用到这些设备。一旦电脑出现问题，就可能出现视频、图片以及文字无法展示的情况，可能会直接破坏我们的演讲计划，甚至会干扰到我们的情绪，平添几分紧张。为此，我们要尽可能地采取预防和补救措施。

1. 尽量使用个人电脑

虽然即兴演讲往往事先没有准备，但在一些涉及工作探讨、学术交流的场合，我们最好还是携带一部个人电脑，既方便我们输入、存储一些内容，也方便在应邀上台之后有一件可靠的设备。毕竟，我们对于自己的电脑是最了解的，出现一些小问题也能及时解决。不过需要注意的是，如果在3~5分钟之内依然不能解决问题，那最好临时借用主办方或者其他人的电脑，不要继续浪费时间。

2. 携带纸质版资料

如果你不确定自己是否会有即兴演讲的机会，为了以防万一，最好提前把一些可能用于交流、汇报的重要资料打印出来，这样即便邀请你临时发表演讲，你手中也有一份资料可用。当然在具体展示时可以采取两种方案：文字类的资料，大声朗读给听众，为了节约时间可以提取重点；图像类的资料，可以走动到听众席中，依次向大家展示，尽可能让更多人看到。

第三，网络。

很多演讲场合离不开网络，但网络状况是一个不可控的存在。当我们需要连接网络为听众展示一段视频或者一张图片时，如果网络太慢甚至断连，最好的解决方案是跳过展示环节，改用口头描述的方式替代："本来我想给大家展示一段新产品的3D动画，现在网络出现了问题，不过没关系，大家可以听我口头介绍一下……"之所以不提倡去找工作人员处理，是因为展示只是演讲中的一个环节，跳过去并不影响演讲主题，而如果工作人员不能在短时间内快速解决，就会让整个演讲卡在这个环节，这和麦克风出问题完全不同。当然，如果你要展示的内容非常重要，也可以告知听众去某某网站或者某个网盘去下载，也算部分解决了问题。

举重冠军张湘祥在一次演讲中，提到了有关增加肺活量和提高免疫力的话题，此时麦克风忽然出现了故障，导致扬声器时断时续，非常影响听感，场面也一度陷于尴尬，不过张湘祥却并没有慌张，而是机智地说："今天的话筒不好使，这就是缺乏运动的表现。锻炼不够，难免'上气不接下气'。"此话一出，听众顿时都会心地笑了起来，并响起了热烈的掌声。

从这个案例不难发现，最有效解决设备故障的人不是技术员，而是演讲者自己。无论是遭遇了哪种设备故障问题，我们首先要做的是用机智的临场反应化解现场的尴尬，把听众的注意力转移到演讲本身，这样即便设备无法修复，大家也依然有听下去的意愿。

演讲者使用各种科技设备，本质上是为了完善演讲，让演讲的表现手段更加丰富多彩。但我们不应该本末倒置，过于依赖这些技术手段，而是要将主要的精力放在口头表达上，否则我们的精力就会消耗在抱怨翻页太慢、字幕拼写错误、画面不够清晰等细枝末节的问题上，让听众看到一个只会依赖设备的演讲者，这会直接降低我们在听众心目中的印象，也会干扰我们的演讲思路。虽然这是一个由技术驱动的世界，但掌握技术的永远是人，而人也不应该成为技术的奴隶。在我们的演讲现场，真正控场的不是科技，而是我们自己。

6

干扰打断：学会承上启下

当我们盼望着自己的演讲能够顺利进行时，现实有时候会给我们一记响亮的耳光：总有一些或有心或无意的声音打断我们的演讲，也总有一些意想不到的状况迫使我们停顿下来，此时的我们不得不进行选择：是假装充耳不闻还是积极采取应对策略。

实际上，充耳不闻也好，积极应对也罢，具体采用哪种方法要根据现场的实际情况和演讲者自身的控场能力来定。下面，我们就来盘点一下常见的演讲意外以及应对方法。

第一，场外声音（噪音）。

一般情况下，演讲现场会保持相对安静的环境状态，但这是针对专门用来进行活动的正式会场，而如果是环境较为复杂的非正式会场，就难免会传来声音或者噪音，如果分贝过高，就会在客观上转移听众的注意力。这时作为演讲者就需要把听众的注意力转回到现场，确保演讲顺利进行下去，而最巧妙的方法就是借"声"发挥，将意外传来的声音（噪音）和演讲本身相结合，这样才能达到切换自如的效果。

一所大学组织了一次名为"中国在腾飞"的演讲，地点是在大礼堂，然而大礼堂毗邻篮球场，在演讲开始时，篮球场上正在进行一场激烈的篮球比赛，发出了阵阵加油声和喝彩声，顿时将听众的注意力吸引过去。这时演讲者灵机一动对大家说："我曾经听过一个笑话，说慈禧太后也曾派过篮球队参加比赛……他们穿着长袍马褂，把球传来传去……"演讲者话音未落，现场的听众就哈哈大笑起来。

演讲者的高明之处在于，他没有强行让听众不去关注篮球场上传来的声音，而是巧妙地将这意外的声音和"中国在腾飞"的演讲主题结合在一起，既借用了外面的情境，又联系了演讲内容，整个过程流畅自然、浑然天成，所以才博得了听众热烈的掌声。

第二，现场停电（特指晚上）。

停电是日常工作和生活中不可避免的突发状况，对于演讲者来说，停电不仅意味着台下会发生"骚乱"，还可能让设备处于停顿状态，无法使用麦克风、幻灯机进行辅助演讲，那么遇到这种情况，首先要维护现场秩序，避免发生安全事故，同时把"骚乱"的程度控制到最低，让演讲不至于就此中断。对此，最有效的方法是"以黑吃黑"，直接套用现场的氛围，让演讲进行下去。

在某企业举办的一次内部活动中，部门负责人正在台上做着名为"奋斗者精神"的主题演讲，忽然遭遇停电，现场一片漆黑，台下的员工议论纷纷，负责人马上大声喊道："大家不要乱！先安静下来，等待通知。"随后现场逐渐恢复了安静，这时负责人继续用洪亮的声音说道："这停电啊来得挺巧的，因为我接下来要说的就是'如何面对黑暗'。在企业发展的过程中，突然而至的黑暗就像现在的停电，毫无征兆，但是每个人的反应是不一样的，有人会淡定地坐着等待黑暗过去，有人会急不可耐地离开，也有人会大声起哄，不过大家心里都很清楚，能够忍耐这短暂黑暗的人才有资格等到光明的到来，他们才是不畏艰险的奋斗者，而那些趁乱搅浑水的只会给大家带来安全的隐患。"这番话引起了员工的深刻思考，随后电力恢复，现场重见光明，人们纷纷报以掌声。

"以黑吃黑"的精髓在于：既然听众看不到、看不清任何东西，那么演讲者索性就借用眼前的黑暗情境发表讲话，可以是和主题相关的借喻，也可以是一则只需要闭着眼聆听的小故事，总之是用听众能感受到的现场氛围来阐述某件事或者某个道理，给予人们身临其境之感。

第三，外物闯入。

当演讲现场并非封闭状态时，可能会有一些"不速之客"贸然造访，直接干扰到我们的演讲秩序。遇到这种情况我们不必假装不知，而是可以"以物扣题"，把一段小插曲变成演讲的组成部分，这样既能顺利地化解危机，又能留给听众较为深刻的印象和回忆。

在一次环保活动上，一位演讲者发表即兴演讲，提到了环保局正在实施的生态保护措施，忽然一只小鸟从窗口飞进了会场，落在桌子上叽叽喳喳地叫着，现场的听众顿时笑声一片。这时演讲者微笑着说："这只鸟真的很有灵气啊，知道我们今天进行的是环保活动，专门飞过来向我们表示庆贺，这说明动物是非常有灵性的，你对它们好，它们也会对你报以感谢。而如果我们不善待它们，破坏它们赖以生存的栖息地，那动物也会报复我们，我们赖以生存的家园也难以幸免，大家说是不是这个道理啊？"演讲者的这段话既联系了主题又引发了听众的思考，现场秩序很快恢复如初。

试想一下，如果演讲者发现小鸟闯入后，采用驱赶的方式来解决问题，不仅可能丑态百出（驱鸟失败），还可能因为误伤了小鸟导致听众的反感，赤裸裸地嘲讽了演讲主题，所以用"以物扣题"的方式既化解了尴尬又承接了主题，可谓一举两得。

第四，当众出丑。

有些意外完全不在我们的预知范围内，甚至当它降临时我们会以出洋相的方式被听众看到，这时最好的应对策略就是"由此及彼"，通过幽默风趣的方式自我解嘲，化解危机。

在1952年的奥斯卡颁奖典礼上，获奖者雪莉·布恩在上台时因为情绪激动被台阶绊了一下，差点摔倒。在发表获奖感言的时候，她一语双关地说："我经历了漫长的艰苦跋涉，才达到事业的高峰。"这番话联系到了刚才的囧态却又寓意深刻，立即赢得了观众潮水般的掌声。

总的来说，我们应对演讲现场发生意外的策略都是"顺水推舟"，这是一种最自然和谐的解决思路，因为对听众来说，他们会通过眼睛和耳朵感受到意外的发生，而作为演讲者是无法自欺欺人地屏蔽这些意外的，莫不如就坡下驴，坦然接受面前发生的一切。毕竟，意外总会"意外"地来临，面对意外我们不必抱怨听众，也不必责怪主办方，因为台上的演讲者和台下的听众原本就拥有不同的三观，有反对的、质疑的、不和谐的声音再正常不过了。而一个优秀的演讲者就是要在种种意外中展现自己解决意外的能力，这也恰恰是演讲本身的组成部分。我们要认真做好这道必答题，而不是把它当成一道选做题来逃避。

7

出现失误：找个合适的"台阶"

演讲是一种口头语言和肢体语言的综合表演，纵然你在台上费尽心机、使尽全力，也很难避免不犯任何错误。换句话说，演讲的经验越是丰富，遭遇失误的概率也就越大。所以，我们不仅要在心态上坦然接受出现失误的现实，也要在技术层面掌握应对失误的正确解决方案。那么，我们就来盘点一下常见的演讲失误和应对方法。

第一，口误。

口误是演讲中常见的"事故"。的确，在众目睽睽之下说错话是让人尴尬的，但这几乎无法避免，所以我们不能被口误搞坏了心态，而是要采取积极的应对策略去弥补说错话带来的种种后果。

1. 默认错误

如果是无伤大雅的口误，比如嘴瓢、吞字等，可以不必在意，直接无视就好。但如果听众对这个口误产生了反应，比如哄堂大笑，这时就不能假装不知，而是应该用幽默的方式自嘲："不好意思各位，早上吃鸡蛋噎着了，说话有些不利索。"这样简单的一句自我吐槽就能缓解尴尬，继续后面的演讲。

2. 立即纠正

如果口误的是比较重要的信息内容或者造成了不良的后果、引发歧义，那么就必须立即纠正："对不起，刚才这组数据我说错了，正确的数字是……"这种正视错误的态度，听众是能够接受的，也不会责怪演讲者。

3. 自圆其说

有时候，我们也不必死板地直接纠正错误，也可以通过自圆其说的办法解释自己的口误，一来能够化解尴尬，二来也能活跃现场气氛，当然这需要一定的临场应变技巧。

一位主持人参加海南省的狮子楼京剧团建团庆典，当她向大家介绍现场来宾的时候，因为事先没有充分准备，错把领导南新燕介绍成了其他人，导致现场一片哗然，主持人先是诚恳地向被介绍人道歉，然后这样说道："您的名字实在是太有诗意了。我一见这三个字，立即想起了两句古诗：'旧时王谢堂前燕，飞入寻常百姓家。'这是一幅多么美的图画。今天，这里出现了类似的情景，京剧一度是流行在北方的戏曲，而现在，京剧从北到南，跨过琼州海峡，飞到了海南，而且在这里安家落户，这又是一幅多么美好的图画呀！"话音刚落，现场的听众从刚才的笑声立即转变为一片热烈的掌声。

也许在某些人看来，主持人后面的"美化部分"其实与诗句原意不符，甚至是多余的，只要向被介绍人道歉就够了，实际上这是一种错误认识：你的口误会让现场氛围发生微妙的变化，单纯的道歉和解释并不能直接改变这种气氛走向，所以运用语言的艺术把氛围拉回来是有必要的。

第二，演讲迟到。

尽管我们应该保持提前到场的良好习惯，但碍于一些客观因素，迟到有时候也是偶然发生的，根据不同情况有不同的应对策略。

1. 严重迟到

如果你到场的时间预计会远远晚于预定时间，那就必须打电话给主办方或者东道主，让他们把你的演讲（通常这类即兴演讲是当天临时通知的，有一定的准备时间）顺延，为你争取时间。切记越早通知对方，对方可操作的空间就越大，对活动的负面影响就越小。

2. 稍微迟到

如果你到场的时间只比计划晚个几分钟，基本上就没必要调整演讲顺序了，你要做的是尽快调整情绪，避免紧张和慌乱。当你上台之后，不要对迟到的行为毫无表示，而是应该向听众真诚地致歉："对不起各位，因为意外因素在路上耽误了一会儿，为了弥补大家损失的宝贵时间，我会尽量压缩原定的演讲内容，提取精华献给大家！"

第三，演讲超时。

虽然我们前面介绍了控制时长的办法，但有时候超时也是无法避免的。遇到这种情况，通常面临着两种选择。

1. 放弃部分演讲内容

如果你的演讲内容不存在严密的逻辑关系，有部分信息可以被舍弃时，那么你要做的就是提前收尾，确保演讲在预定的时间内完成。这是一种比较理想的状况。

2. "暂存"部分演讲内容

如果你的演讲内容无法割裂，甚至是有部分重要的内容还没有讲到，那么你可以这样告知听众："抱歉各位，这次演讲信息量很大，有一些关键内容没有讲完，我给大家分享一个网盘链接，里面有我尚未讲完的内容，请大家有空下载，谢谢！"这样就能兼顾演讲内容的完整性和本次活动的秩序性。当然，有的人会选择延长演讲时间，通常这是不明智的，因为你的延时可能会破坏后续的活动安排，除非你能提前和主办方沟通，确保延时不存在问题。

第四，身体不适。

如果在演讲开始前感到身体不适，可以及时向主办方提出要求：顺延演讲次序或者取消本次演讲。如果在演讲的过程中感到不适，可以先对工作人员摆手示意，等到对方过来并与之沟通后，此时可以对听众如实告知："实在抱歉，本人因为身体不适将提前结束演讲，如果再有机会登台一定会和大家继续交流，谢谢。"当然，为了避免身体发生意外，我们应该在身上携带一些针对自身病情的特定药品或者是常备用药（如止疼、止泻类药物），预防措施越是周全，我们出现尴尬情况的概率也就越小。

演讲现场出现失误的情况五花八门，有很多是我们预料不到甚至是想象不到的，但其实无论是哪一种意外，核心的应对策略都是两条：告知主办方，向听众致歉。前者是为了确保整场活动的顺利进行，后者是为了安抚听众的情绪。只要礼貌得体地完成必要的沟通环节，我们作为演讲者就尽到了应尽的责任和义务。毕竟，是人总会犯错或者生病，失误在所难免，关键是我们的反应是否合乎道德标准和职业规范。

CHAPTER 7

第七章
表达能力的
日常训练

1

扩充知识储备

即兴演讲,从表面上看是一场"无准备之战",然而现实是有些人上台后侃侃而谈,对各种信息、知识点都如数家珍,让听众听得如痴如醉;而有的人则头脑空空,冥思苦想半天也不知道要说什么,最后只能埋怨主办方或者东道主不该让自己仓促上场导致丢人现眼。然而,一个悖论也就由此产生了:有充分准备的演讲还能叫即兴演讲吗?

有的人之所以能够在即兴演讲中口若悬河地超常发挥,是因为在平时非常重视知识的储备,在脑海中形成了体系相对完备的"知识宝库",所以在登台之后能够快速进行信息提取,呈现给听众较为完整的知识体系和信息内容。下面,我们就来介绍一下如何在日常工作和生活中扩充知识储备。

第一,增加阅读,扩充知识面。

知识是产生观点的重要基础。一个演讲者只有在具备了较为丰富的知识以后,在与他人交谈时才不会因为无知而自卑,特别是面对一群人时,知识面越宽,阐述观点时就越有信心。除此之外,知识体系越完备,你的表达技巧也会水涨船高,同样一句话,你可以用文雅的方式表达出来,也可以深入浅出地为外行解释,这就能大幅度地收获听众的好感,给人一种醍醐灌顶的通透之感。相反,如果一个人胸无点墨,即便是在最熟悉的朋友面前,也永远只能做一个倾听者,因为你找不到可以开口插嘴的机会。

为了扩充知识面,我们就要"不挑食",不能因为自己只爱看玄幻小说，就对科普类的著作毫无兴趣，这会极大地限制我们的视野和思考。一个博学多才的人，对文学、哲学、历史、自然科学、美学都是有着一定程度的涉猎的。当然，人的时间和精力终归有限，我们不可能成为一个全知全能的圣贤，所以要以"一专多能"作为终极目标，在某个领域有较为深入的认识和积累，同时触类旁通其他相关领域，这样就保持了知识的专业性和丰富性。

或许很多人觉得看书太多也未必都能用上。实际上，看书会让我们在潜移默化中提高个人修养，达到"腹有诗书气自华"的境界，这种状态只有同样素质和水平的人才能感受到，它是可以被你的听众发现的优势，所以我们不能以功利的心态去阅读和学习。

第二，体验生活，强化生活积累。

知识和经验是密不可分的关系，知识可以指导工作和生活并由此产生经验，而经验的积累也可以检验并产生新的知识。在我们从书本上学习知识以后，还要多多体验生活、观察生活和理解生活，这样才能加强我们对现实与社会的认识。

1. 体验生活

多参加社会实践活动，可以帮助我们丰富人生的阅历，这样当我们谈到工作、婚恋、交友等社会问题时，就拥有了可信度较高的发言权。听众会通过我们的实践经验来判断我们的观点、结论是否贴近现实，如果我们一开口就是"虽然我没有经历过……但是我认为"这样的话术，就很难让听众信服。相比之下，如果我们对听众说："我曾经在XX行业工作了3年，还是有一点发言权的……"这样的话术就明显增强了说服力和可信度，会帮助我们强化对演讲主题的分析和阐述。

马丁·路德·金的著名演讲《我有一个梦想》，是一个带有强烈即兴演讲色彩的创作，充分体现出了演讲者的人生哲学，他的雄辩口才和对修辞的掌握，来源于他对生活的深刻体验以及对广大民众的了解，所以才能一开口就打动众人。如果一个没有生活体验的人，是无法驾驭如此深刻的演讲主题的。

2. 观察生活

体验生活虽然能够给我们带来直接的经验，但有时候我们也需要通过观察生活来获得间接的经验。比如我们还没有做好进入婚姻的准备，却想要研究这方面的内容，那我们当然不必强迫自己"体验一次婚姻"，而是可以通过观察身边人的婚恋经历来产生某种认识，这样我们也可以底气十足地对听众说："虽然我没有结过婚，但是对身边人的婚姻状况却很了解。下面我就以一个观察者的视角和大家探讨一下……"有了"观察者"这个特殊身份，虽然在可信度上会打折扣，但还是比任何观察经验都没有的人更有说服力。

3. 理解生活

体验生活是本人参与，观察生活是观察他人，仅有这两点还是不够的。我们还需要理解生活的本质，也就是在谈论生活时要能拿出自己的观点，哪怕这个观点存在偏颇和漏洞，也总比人云亦云要好得多，因为这证明你尝试去理解生活，摆出了一种正确的生活态度。对于这样的演讲者，听众是愿意了解其所要表达的想法的。

第三，关心政治，了解时事。

如今我们生活的时代是一个国际间政治、经济、文化频繁往来的时代，如果一个人一段时间不上网、不看电视，很可能就会与世界脱节了，因为当别人议论当下的时事热点时，你完全没有参与讨论的基础，只会觉得别人说的话是那么"空洞无聊"，实际上这不过是你的主观感受而已。

对于演讲者来说，多了解一些时事热点，不仅有助于我们对演讲主题的阐述，还可以增加很多切入演讲的方式，比如用一个热点新闻作为导入素材，这样听众的关注度会提高不少。除此之外，在现场气氛需要调节的情况下，我们主动谈及某个热点话题，也能调动听众参与的积极性。更为重要的是，我们对外部世界了解得越多，听众也会认为我们掌握的知识和经验是"活"的，我们的头脑是活的，不是一个断了网的"知识信息库"，而是一个可以实时接收并消化外部信息的"加工者"，这样在我们进行即兴演讲的时候会更游刃有余。

第四，了解时尚，懂得潮流文化。

你可以是不追求时尚的人，但你不能完全不了解时尚。如今的人们正在广受互联网文化的影响，诞生了一种另类的潮流文化，比如各种梗、网络用语和网络段子，如果一个人全然没有相关积累，那么就很难和年轻的听众进行沟通，也会让自己在输出观点时缺乏时代感。所以，为了方便我们进行表达，应该有意识地去了解潮流文化，至少别让自己被潮流文化边缘化，这样我们才有更广大的展示舞台。

一位老教授应邀去开学典礼为新入学的大学生讲话，面对比自己年轻几十岁的孩子，老教授十分风趣地说："欢迎大家开启四年的大学生活，你们选择了我们，我们也看中了你们，这就是一次美妙的双向奔赴。我知道大学四年中你们要克服考试、论文甚至恋爱等各种障碍，但勇敢牛牛不怕困难，我相信大家一定能顺利通关，从青铜变成王者的！"话音未落，学生们就笑着鼓起了掌。

这位老教授没有用古板的、程式化的方式和学生对话，而是引用了"双向奔赴""勇敢牛牛不怕困难"等网络热梗，以及"青铜王者"这一类的游戏术语，潮流文化氛围浓厚，贴近年轻人的表达方式，因此才取得了良好的表达效果。

即兴演讲不仅考验一个人的心理素质，更考验一个人对知识和经验的渴求度和占有度：越是渴望知识和经验，就越能注意日常积累，大脑才能将知识转变为观点和技能。当你拥有了坚实的知识基础和丰富的人生经验时，面对即兴演讲所表现出的心态也会截然不同：你会更加渴望把平时积累的知识和经验分享给听众,这对你来说是具有幸福感和成就感的重要交流机会,在这种心态下,你的即兴演讲自然会获得更高的成功概率。

❷ 积累故事素材

即兴演讲由于缺乏足够的准备时间，所以在演讲内容的设计上很难做到多么精巧细腻，但我们可以通过故事导入或者故事插入的方式来丰富内容、增加对听众的吸引力。这并不仅仅局限于故事导入的"三段法"，而是适用于任何一种结构设计，因为故事可以用来引入主题，也可以进行举例论证，还可以进行收尾阐述。因此，一个演讲者积累的故事素材越是丰富，就越能在临场演讲时发挥巨大作用。

当然，故事素材不是凭空出现在大脑中的，它需要我们在平时进行搜集和整理，然后构建成一个随时可以取用的素材库。下面，我们就来盘点一下故事素材的三种获取渠道。

第一，通过网络积累。

如今，互联网无处不在，大到办公桌上的电脑，小到手中的手机，几乎每一台终端设备都能连接网络，而网络就是最方便快捷的故事素材获取渠道。通过网络社交平台，我们可以浏览热点事件、逸闻趣事，把它们变成我们的故事素材。也可以通过朋友的分享，把一些搞笑好玩的段子变成笑话素材，插入到我们的演讲内容中，增加演讲的趣味性。当然，我们不必刻意通过网络去搜集和整理，这样反而失去了乐趣，也会占用我们宝贵的时间，我们只要在电脑或者手机上安装几个热门的社交平台软件、短视频软件、新闻频道软件，基本上每天都能接收到一些故事素材，把其中适合演讲、在公共场合谈论的内容记下来，就可以在实践中发挥作用。

第二，通过社交获取。

虽然网络是最方便的获取故事素材的渠道，但它存在一个显著弊端，就是信息的同质化比较严重。比如你在某短视频平台看到一个段子，那么大概率你的听众当中也有人会看到，如果把它作为一个笑话来讲，很可能你说到一半就被听众"刨活了"（剧透），表达效果将会大打折扣。所以，除了借助互联网之外，我们还可以从别人的大脑中"借走"故事，也就是和那些有故事的人聊天。

那么，什么样的人才是有故事的人呢？通常有以下三种。

1. 从事特殊行业的人

所谓"特殊行业"并非多么罕见或者边缘的职业，而是有和大量人群或者特定人群接触的经验，比如销售、记者、警察、旅行者等。即便他们自身的经历不够传奇，可是他们长期身处这个行业中，身边总会有人经历一些有价值的故事胚胎。你可以通过他们间接地获得，或者直接去访问当事人，这对你扩大社交圈子和素材获取渠道十分有好处。当然，如果是涉及行业机密，请不要随便去打听，以免给自己或者对方带来尴尬。

2. 有过特殊经历的人

这类人或许职业比较普通，但是他们经历了常人难以体验的生活，比如重大灾难，和某个特殊人物近距离接触等。对于那些遭受过创伤的采访对象，需要掌握有技术含量的沟通技巧，对于一些敏感的字眼要隐晦地表达，比如素材的提供者可能因为事故身体致残，这就需要你尽量照顾对方的自尊，小心谨慎地与之沟通，切勿引起对方的不适甚至反感。

3. 具备特殊心理的人

这类人和我们所说的"正常人"有些许差别，他们通常拥有奇思妙想、另眼看人生的特质，正如《天才在左，疯子在右》这本书中记录的精神病人的世界，他们会提供给你特殊的认识世界的经验，这些都能让你积累独一无二的新奇故事。需要注意的是，这些特殊群体有着独特的行为方式，他们大多数生活在一元关系中，也就是世界里只有他们自己，很难和其他人建立良好的关系，所以想要进入他们的世界有困难，即便取得了对方的信任，你仍要提防自己不被他们的思维模式所影响。

第三，通过耳朵捕捉。

蒲松龄在撰写《聊斋志异》之前，特地找了一个路口，摆上茶水和点心招待过往路人，从他们的口中搜集一些离奇古怪的故事，这成为《聊斋志异》中主要的素材来源。虽然在当今社会使用这种办法不太可能，但是我们可以变相地使用：让和我们有短暂交集的陌生人为我们提供故事素材。

1. 餐桌

当你有机会和亲朋好友聚会时，不要把注意力都放在酒杯和菜盘上，要竖起耳朵听听其他人讲述的故事，这些发生在生活中的真人真事往往比网络段子更加接地气，更能引起听众的共鸣，如果你对听来的某个事件的细节不够清楚，那就大胆地询问讲述者，在餐桌文化的影响下，没有人不愿意分享他们引以为傲的经历或者见闻。当然，如果你参加的饭局实在没有故事可听，那么不妨从周围食客身上搜集素材，对于那种开放式的大厅，距离很近的食客所讲的故事完全有机会被你捕捉到，那就发挥你的听力去存储这些原始素材吧。

2. 交通工具

经常出差的人，都会在乘坐火车、飞机等交通工具时和身边的人交谈，这主要是为了打发旅途中的无聊时光。如果你善于和陌生人交谈，不妨从他们的口中寻找你不曾了解的职业和人生，这对拓宽你的故事来源渠道十分有益。如果你不善言谈也不要紧，可以从身边人的聊天中捕捉有价值的故事素材。除此之外，短途的公交车和地铁也能成为给你信息的来源，还有当你乘坐出租车的时候，你会发现很多司机都是健谈的，他们整天被困在封闭的车厢内,交谈欲望比普通人强烈很多,而他们亲历或者听到的故事也很丰富,这些都可以作为你的故事素材来源,有时候只要你简单询问几句,司机师傅就会轻易地打开话匣子,把他们认为有趣的故事讲给你听。

3. 街头巷尾

当你漫步街头之际,虽然空间是开放的,但是总有那么一刻你并不急于到达目的地,你就有可能从路人的对话中获得一部分故事素材。比如一个和老公吵架的绝望主妇,她的某一句吐槽可能成为你演讲主题的一句结语;再比如一对情侣在谈论初见时的场景,也能够被你移植到故事中作为桥段。总之,你身边的人和你短时间内的空间重叠,都可能带给你启发式的信息,关键在于你是否愿意去听、去加工。

4. 办公场所

对大多数人来说,一天中的大部分时间都是在工作单位度过的,当然这根据不同的职业会接触不同的信息量。如果你是记者、推销员或者公司的外勤人员,那么你能听到的故事素材会非常之多;如果你只是写字楼里的普通员工,那么信息渠道或许就非常有限,但是只要你愿意拿出一部分精力去捕捉,你会在办公区、休息区、食堂这些地方积累有关职场甚至是家长里短的故事素材。

故事创作需要的是不厌其烦地积累,有的人会觉得这种积累很麻烦,不愿意在这件事上花费大量的时间。实际上积累故事素材也是帮助我们拓宽眼界、加深对社会认知的过程,即便我们无法应用于演讲,也能帮助我们通过他人的经历来了解世界,会让我们成为听众眼中"有趣的人",这样即使我们的演讲内容比较粗糙甚至存在漏洞,也会因为一个精彩的故事博得听众的欢心,我们的演讲生涯也就有了被人关注和认同的高光时刻。

③ 提升心理素质

任凭风浪起，稳坐钓鱼船。或许这是很多演讲者都渴望的一种心理状态：面对多么不配合的听众、面对多么不靠谱的主办方、面对多么尴尬的意外都始终保持微笑。当然，这并非一种无人能及的理想状态，在现实生活中，的确有这样一类人存在，他们能够凭借良好的心理素质从容应对各种糟糕的状况。

强大且健康的心理素质，是每个演讲者都必须具备的基本素质，因为没有过硬的心理素质，纵然你有再出色的口才、再清晰的逻辑，都可能败给来自听众的一次打断或者现场的一个意外。不过，心理素质的养成并非一朝一夕之事，我们只有在日常工作和生活中有意识地进行强化训练，才能达到一个理想状态。下面就来介绍一下提升心理素质的三种训练方法。

第一，建立自信。

自信心是一切心理构成要素的根基，一旦失去了自信，就失去了其他心理素质赖以生存的条件。当然，自信并非自傲，它应该建立在对自我能力客观评价的基础上，并结合一种主观肯定，简单说就是"我给自己打了70分，但相信自己能达到80分"，而非"认为自己只有60分，但一定能拿到100分"。当一个演讲者产生足够的自信时，就会由内向外地形成一种权威感，自己说出的每一个观点甚至每一句话都让听众无比信服，产生一种波及范围很广的感染力。借助这种感染力，演讲者也会以积极的心态面对整场演讲，抵消可能出现的消极心理。

建立自信并没有想象中的那么难。首先你要做的就是发现自己的长处，在这个问题上不能自我贬低，毕竟完全没有优点的人是不存在的，你或者拥有善解人意的同理心，或者拥有快人一步的反应力，再或者拥有出口成章的表达能力……只要抓住哪怕一个优点，你就可以由此建立自信的原点，通过这个原点向外生发：我有同理心，所以我能体谅他人的苦衷，所以大家都愿意和我谈心，我就会收获更多的友情，也就拥有了丰富的人脉和信息来源……这样一来，你就从同理心这一个优点生发出"朋友多""信息广"等更多的优点，你的竞争优势和人格魅力也就越发突出，你的自信心也就得到了加强。

自信心不仅需要建立，也需要持续的自我肯定：每当你做成一件事之后，可以适当地奖励自己，小到买一杯奶茶，大到换一部新手机。有了自我肯定，你就会生发出不断挑战自我并再次肯定自我的欲念，你的自信心就会得到合理的强化而非无端的膨胀。

从演讲的角度看，自信心的强弱和演讲效果的好坏成正比关系，也会起到正向循环的作用：一次演讲取得了成功，你会期待下一次演讲，并以更好的状态投入其中，由此循环往复，就能在演讲的道路上越走越远。

第二，培养热情。

一个演讲者只有自信心是不够的，还需要有一种对待人和事的热情，这就是人格魅力的突出体现。一个热爱生活的人，在谈论社会问题时所展现出的态度是积极的，语言的表达也是活灵活现的，就能够起到振臂高呼、一呼百应的效果。正如唐代诗人白居易在《与元九书》中说的那样："感人心者，莫先乎情。"意思是能够打动人心的是发自内心的热情。试想一下，一个生性冷淡、消极厌世的人站在台上进行演讲，你会有兴趣听下去吗？你会被这位演讲者的语言打动吗？

培养热情要从培养爱好开始，比如运动、唱歌、朗诵、烹饪这些能够激发热情的活动，因为在从事这些活动时，你会处于血脉偾张和激情释放的亢奋状态中，更容易体验到生活的美好。更重要的是这类活动带有一定的社交属性：和友人一起酣畅淋漓地运动、和友人一起引吭高歌、和友人大声朗诵优美的诗歌、和友人分享彼此烹饪的美食……当然，这并不是说阅读、绘画、写作这种偏"安静"的爱好就不能激发热情，只是它们多少欠缺一些社交属性，很难通过外界对你的行为进行正反馈（例如奖励和肯定），所以我们还是尽量选择能够带来强烈参与感和体验感的爱好吧。

第三，训练应变能力。

应变能力对演讲者的重要性不言而喻，因为演讲者往往会和主持人一样遭遇各种意想不到的意外，控场能力越强，容错率就越高，演讲的成功率也越高。虽然应变能力有一定的天赋属性，但我们也可以通过日常训练来强化，最直接的办法是多参加社交活动，因为只要人多了，矛盾就会在无形中增加，你作为参与者就可能要解决这些矛盾，而矛盾的突发性和不可控性，就是你锻炼应变能力的最好机会。

不夸张地讲，每一次即兴演讲，对于我们来说都是一次重大的心理考验，它本质上并非检验我们当天的心理状态，而是经年累月中磨炼的"心性"：面对台下数百听众的勇气、宣贯演讲主题的锐气、突破自我再上台阶的志气……只有经受过岁月的洗练和失败的打磨，我们才能在走上台的那一刻焕发出自信的光彩。

4

磨炼社交技巧

演讲并非一个人站在台上的自说自话，而是一个人面对一群人的社交表演。很多优秀的演讲者在生活中也是社交高手，因为他们善于揣摩别人的心理，也懂得如何巧妙地表达，而这些技能运用在演讲上就是与听众交流、互动、化解矛盾的技巧。

有的演讲者拥有丰富的知识储备，也有着熟练的表达技巧，可每每上台都不受听众待见，这其实就是在和听众互动的环节上出了问题：要么缺少互动，要么互动的质量不高，更有甚者还会因为观点的冲突和听众发生了矛盾，这些都直接或者间接地影响到了演讲效果，也会损害我们在听众中的口碑和评价。所以，你需要在上台之前就掌握和人打交道的技巧，对比我们归纳了五条原则。

第一，学会尊重他人。

演讲者站在台上，内心都是渴望自己的演出得到听众的认可和赞扬，本人也能得到听众的尊重。但尊重是相互的，听众虽然不直接参与到演讲之中，但是他们作为旁观者和见证者，也渴望得到演讲者的尊重。

一位培训师受企业邀请，给新入职的员工上课，然而这位培训师自认为经验丰富、资历颇深，丝毫不把这些新人放在眼里，对于大家提出的问题不屑一顾，只讲述自己认为很重要的东西。这时一位员工匆匆起身准备离开，培训师一脸不高兴地说："你学会了什么就要走？"那位员工淡定地回答："我确实学会了一样东西，那就是不要让不靠谱的人介绍不靠谱的培训师。"原来，这位"员工"其实是公司的中层干部，本来是想旁听一下培训师讲述的内容是否符合企业要求，却没想到对方连基本的尊重都做不到，于是当场就将其炒了鱿鱼。

培训师的傲慢无礼，也是一些演讲者的通病，他们认为自己掌握了专业知识，而台下的听众都是外行，所以就有一种高高在上的优越感。这种感觉未必会直接表现出来，但一定会在言谈举止之间不经意地流露而出，那么在听众看来，这样的演讲即便都是满满的干货也毫无听下去的兴趣，因为对方连起码的尊重都做不到。

在日常生活中，我们要有意识地建立起尊重他人的意识。这不是一个空泛的概念，而是体现在点滴的行为之中，比如主动和对方打招呼、记住对方的名字、进门让对方先走等，只有养成相关的良好习惯，我们才能自然而然地表现出一种文明教养。在演讲中，当我们提到一些专业词汇时，尽量要用听众听得懂的语言来解释，如果有听众表示还不能理解，可以再解释一遍，不能表现出不耐烦和嫌弃对方的态度，这些都会让听众对我们产生反感。

第二，不揭他人之短。

演讲者在台上说话，拥有着合理的发言权，而台下的听众则不能轻易开口，这种话语权的不对称就会给演讲者"放飞自我"的空间，并由此引发矛盾。

在一次同学会上，昔日的班长发表即兴演讲，开场部分说得感人肺腑，可说着说着就开始变味了："真是没想到啊，咱们同学变化这么大。老四上学的时候话都说不利索，现在竟然成了大学老师了；小富当年被班里一半的女生甩了，现在是两个孩子的爹了；还有老宋，当时穷得连文具盒都买不起，现在也开上宝马了……"这番话虽然有一定的褒扬成分，却也十足地给大家揭了短，现场气氛顿时急转直下。

维护情面是经营人际关系的基本要求，演讲者和听众之间也存在这种微妙的关系。有的演讲者擅长毒舌吐槽，却总喜欢拿身边人、眼前人开玩笑，看似是在活跃气氛，其实是在不经意间得罪人，只会在听众那里留下负面印象。

第三，懂得赞美他人。

每个人都希望得到他人的认可，因为人在不同程度上都存在着自恋情结，所以维持人际关系的一大要素就是要经常地赞美对方。这个逻辑和"鼓励教育"十分相似，那些善于夸奖学生的老师，在讲台上是受到大家爱戴和尊重的。演讲也是同理，当你向台下的听众提出问题后，如果大家能够给予正确答案，那么就要适时地进行表扬："你们回答得太好了！给你们点赞！"这样既满足了听众渴望得到认可的内心诉求，也活跃了现场气氛，这样的互动环节才是有生命力。

为了养成赞美他人的习惯，我们在和家人、朋友或者同事的日常交往中，要学会发现对方的长处并给予赞许，这样的夸奖是真实可信的，会让对方更容易接受。那么把这种习惯延续到演讲的舞台上，我们就能发现听众的可爱之处。

第四，学会倾听。

倾听是沟通的先导部分，没有倾听的沟通是无效的沟通。同时，倾听也是一种社交礼节，当你认真听对方说话时，给予的是一种尊重、关怀和温暖。有的演讲者口齿伶俐却咄咄逼人，听众提出一点反对意见就会针锋相对地回击，这样看似占到了理，却失去了情，让人觉得这位演讲者不懂人情，如果遇上一个同样争强好胜的，那么听众和演讲者甚至可能开启现场辩论，导致演讲无法正常进行。

作为演讲者，我们要学会避免和听众发生正面冲突，可以存在分歧，但要本着求同存异的原则，先不要直接否定对方，而是把争论放在演讲结束之后，切勿把说服对方当成必须要完成的目标，这样不能体现出你的博学多才，反而暴露的是你的幼稚无知。在日常生活中，我们对待身边人也同样如此，有分歧慢慢讨论，即便说服不了对方也是人之常情，毕竟每个人的三观不同，一心只想成为"胜者"的那个人往往会众叛亲离。

第五，学会换位思考。

我们常说的同理心就是站在对方的立场考虑问题，这对于演讲者来说尤为重要。因为演讲者是"说"，听众在"听"，双方的视角是完全不同的，所以存在认知偏差也在所难免。作为演讲者，当然会希望听众认同自己，但首先要做的是先理解听众为何有不同意见，只有真正站在对方的视角进行思考，才能发现问题所在。在日常生活中，我们在处理人际纠纷时就要遵循换位思考的原则，多从对方的视角出发，久而久之就能强化同理心的养成。

富兰克林曾说："成功的第一要素是懂得如何搞好人际关系。"的确，社交技巧会影响一个人一生的发展，在一个人获得成功的种种要素中，其中85%和人际关系有关，而人际关系的构建又取决于社交技巧的运用。对于演讲者来说，演讲的舞台就是社交的舞台，如何在这片舞台上展示个人才华，既需要在知识和经验上的积累，也需要洞悉人心、参悟人性的技能。不夸张地讲，会做人的人，才是会做演讲的人。

5 获取信息反馈

如果把演讲当成是一次个人营销，那么听众反馈就是重要的"售后"环节。为什么有的人能够在一次又一次的演讲中不断提升技巧呢？一方面是个人善于总结分析，另一方面是善于获取反馈，也就是做好"售后"工作。

实际上，不管一个人的认知能力有多么突出，都是存在认知盲区的，这个盲区既包括了对自身短板的忽视，也包括对自我能力的高估。所以，我们必须从他人口中了解我们在演讲中的表现，这样才能发现我们的劣势所在，给予我们继续提升的可能。下面，我们就来分享一些获取反馈的常用方法。

第一，观看演讲录像。

一般来说，正式活动都会有现场录像，我们在演讲结束后，千万不要因为听众爆发出热烈的掌声就认为自己为大家奉献了一场完美无缺的演讲，因为听众可能是出于礼貌才给予我们掌声，抑或是我们的演讲在整体上是成功的，但是细节上仍然存在瑕疵。为了更客观地进行自我评估，我们就需要通过回看录像来发现自己的不足之处。

1. *看逻辑思维*

当我们站在台上演讲时，对自己说过的话往往缺乏一个整体性的认识，所以演讲的整体脉络是否清晰合理、是否具有较强的逻辑性都难以发现，只有通过回看录像，才能从头到尾地重新梳理。这时我们就可能发现演讲中存在的逻辑漏洞、论证乏力、表达不清等问题，把这些问题认真记录下来，然后重新草拟一份演讲稿，这样我们之后再讲述同类型的演讲内容时就会尽善尽美了。

2. 看肢体动作

我们在演讲中是否正确地运用了肢体语言，本人是无法准确分辨的，只有通过观看录像来审视我们的肢体动作是否合理，这在前面的章节已经提到过：在讲述故事时动作是否具有表演的艺术性，在演讲高潮部分时动作是否有振奋人心的作用，在和听众互动时动作是否符合社交规范……总之，把画面上的每一个动作定格观察，就能发现其中的问题。

3. 看表情管理

表情是演讲者和听众交流的重要组成部分，在回看录像时，我们要通过特写镜头来观察自己的表情是否自然、是否带给听众好感度，以及是否声情并茂，发现槽点后就要及时改正，否则养成习惯后就很容易把错误延续到下一次演讲中。当然，如果录像中没有特写或者近景镜头，我们就要通过肢体语言来回忆当时的表情搭配是否合理，因为一个人在振臂高呼时表情通常也是激昂向上的。

4. 听语音语调

抑扬顿挫的发音是增强演讲表现张力的重要手段，虽然我们在演讲时能够感知到自己的语音语调，但人的生理结构决定了我们听不到自己真实的声音，所以有必要通过回看录像重新聆听自己的演讲，以听众的视角来判断自己的语音语调是否符合规范，是否具有打动人心的表达效果。

第二，倾听他人意见。

想要了解真实的自己，除了要进行自我复盘之外，还需要认真倾听来自他人的意见。在这里需要注意三条原则：多询问，不反驳，常反思。

1. 多询问

一般在演讲现场，总会有一两个熟人，那么在演讲结束后，可以找时间向对方询问自己的演讲表现，注意态度要真诚，否则对方可能会为了顾全的你面子而不说实话。当然，这里需要采用一点话术策略："昨天我演讲的时候是不是有用词不当的地方？"通过这种主动引导的方式，对方才能意识到你是真的想倾听意见，自然愿意开口，而如果是直接问对方："昨天我的演讲哪里不好？"这样对方是很难说出真话的。

不过，每个听众的思维方式不同，对演讲者的评判角度也不同。为了尽可能还原自己真实的表现，要多找几个人询问，而且要注意发挥每个人的优势：擅长表达的人就询问自己在表达方面的问题，擅长逻辑思考的人就询问自己在主题架构上的问题，擅长社交的人就询问自己在和听众互动上的问题。这样，我们不仅能获取到更全面的反馈信息，还能汲取他人的长处，填补自身的短板。

2. 不反驳

如果遇上心直口快的人，可能会对你的演讲表现进行批评甚至否定，这时不要想着去反驳对方，哪怕对方说得不在理，因为你一旦开启反驳模式，以后就没有人对你直言不讳了。当然，不反驳并不是说让你全盘接受对方的意见，而是把意见记下来，再去询问其他人，如果没有人提出类似的意见或者对该意见表示不满，那可能就是一家之言，不必为此强行改正错误。

3. 常反思

如果发现有人对自己的演讲表示不满但没有得到广泛认同，这时也不要急着否定对方，而是应该认真思考：为什么会让对方产生这种感觉？比如，对方认为你的逻辑框架有问题，那可能是你在表达上使用了对方不懂的专业词汇，导致对方在理解上出现了偏差，而你的同行则因为掌握了这些语言模块才觉得演讲没问题。这种认知差异还是因为你没有照顾到全体受众而产生的。当然，反思并不是非要揪出自己身上的错误，而是尽可能全面客观地认识自己，避免发生"小马过河"的情况。

第三，自我实践。

如果你平时没有上台演讲的机会，自然也没有回看录像的机会，那就不妨自己创造机会：自己拟定一个演讲主题然后边讲边录像。模拟演讲结束后，通过回看录像发现自己存在的问题，虽然缺少了现场听众，但也能发现自己在表情管理、肢体动作、语音语调等方面的问题，这就最大化地避免自己在即兴演讲时犯下严重的错误。总之，我们要多为自己争取信息反馈渠道，不要拘泥于某一种形式，这样才能迫使自己不断提升演讲技能。

获取信息反馈、倾听他人意见，不仅是一种生活态度，也是一种能力养成。在演讲的舞台上，"讲"和"听"是不同维度的存在，它们虽然未必是对立关系，但一定存在"信息差"。而我们能否真正认清自己的演讲水平，就隐藏在这些容易被忽视的信息之中，只有摆正接纳真实自我的心态，虚心接受他人的意见，我们才能从一个演讲新手蜕变为演讲高手。

CHAPTER 8

第八章

小型正式场合
怎么讲话

1

就职演说：让期待值拉满

每个人的职场生涯都会有几个重要的时间节点，就职（本节的就职包含升职）是最关键的一个。不论是国企还是私企，就职都要作作就职演讲，而一场精彩的就职演讲能够充分展示个人魅力，从而留给大家较为深刻的印象。当然，就职演讲有提前准备好的，也有临时邀请上台的，这里我们只讨论第二种情况。

临时上台的就职演讲，需要掌握一条核心原则：随机性。这里所说的随机性并非指主题随机，而是指切入方式随机，即不要束缚开场白的表达方式和切入视角。之所以强调这条原则，是因为一些演讲者在事先没有准备的情况下，总是想着让自己的就职演说"高端、大气、上档次"，要有"大局观"，结果为了营造一个"宏大"的叙事主题而忽视了切入视角，给人一种不接地气的隔阂感。简单说，我们要给大家一种"既然让我说，我就随便聊几句"的自然感和亲切感，而不必聚焦在如何规划主题上。下面，我们就来列举四种随机切入主题的开场方式。

第一，借物切入。

工作和生活中总有一些常见之物或者特殊之物，我们可以通过谈论它们来切入主题，表达自己就职后的情绪、计划、期许等。至于选择什么物体，最好能够和工作相结合，这样听众比较有代入感。

某商检局迎来一位新局长，该局长在就职演讲上是这样说的："很高兴能来到这里主持工作，我随身带来三件东西：第一，带来一个碗，平时这个碗的碗口总是朝上的，什么意见都能装进去，所以请大家广开言路。可是一旦形成了决议，这个碗的碗口就必须向下，这时候包括我在内都不能再翻动它，因为这时候我们要执行民主集中制原则；第二，我带来一张纸，它不是用来打欠条或者写借条的，而是要用我自己的汗水写下一份满意的答卷；第三，我带来一颗心，除了工作之外，我和大家都是同志关系和手足之情，我将用自己的真心换大家的拥戴之心！"

这位局长的演讲构思巧妙，没有落入俗套、打官腔，而是通过巧妙的构思，借助三件物体来表达自己的工作态度和人生准则，既给大家留下了深刻的印象，也起到了振奋人心的作用。

第二，借时切入。

我们上台演讲总会有一个可以发挥的时间点，比如当年的生肖、大事件、节假日、纪念日等，这样我们就可以从中选择便于自己发挥的时间素材，与自己未来的工作相结合，从而给大家留下深刻的印象。

某县长在就职演讲时，因为当年是马年，于是这位县长就以马年为时间素材开始了演讲："今年是马年，我很感激大家能扶我跨上马背，成为被给予厚望的'马上人'。那么我要做的就是扬起马鞭、唱起马歌、催起马蹄，带领大家一起把工作做好。我作为县长必定会一马当先冲锋在前，马不停蹄不偷懒不退缩，争取为我们县里立下汗马功劳，带领所有人马到成功！"

县长借用马年的吉祥物马和工作相结合，把自己任劳任怨的工作态度、无声无息的埋头苦干形象生动地展示出来，同时鼓舞大家像赛马那样朝着终点义无反顾地冲锋，起到了强烈的号召作用，可谓妙语连珠、贴切生动，让这次就职演讲十分具有感染力。

第三，借地切入。

我们工作的场所总有一个具体的地点，可以是一座风景优美的城市，也可以是一个文化悠久的省份，而这些都是我们可以捕捉的"地理素材"。通过将地点与工作相结合，就能吸引听众关注，同时表达出上任后的工作决心，为整个就职演讲增光添彩。

某地一位干部走马上任，在就职演讲时是这样说的："我生于斯、长于斯、工作于斯，为生活在这里感到万分荣幸。咱们省是农业大省，有一望无际的稻田，有绵延不绝的河流，更有勤劳勇敢的人民，所以我热爱这里的每一寸土地，也热爱这里的人民。我愿意把自己的全部身心奉献给这片养育我的土地和带领我走向成熟的人民，号召大家用自己的聪慧才智和勤劳双手，为我们灿烂的明天书写美丽的篇章！"

借地切入的一个优势是能够唤醒听众的"乡土情结"，这是中国人骨子里就存在的东西。如果演讲者是外地来本地赴任，那么最快拉近关系的办法就是赞美当地的风土人情，这能充分表现出和大家紧密联结在一起的心愿和情感，从而获得广泛的支持。

第四，借事切入。

眼前发生的事情是最让人印象深刻的，也是即兴演讲最容易选取的素材。回想你在当选新职务的前后发生了哪些事情，其中哪一件有话题性或者可以发挥你的想象力，那么这件事就是你作为演讲切入甚至是演讲主干的关键性素材。

某公司一位中层干部参加部门主管选举并获得成功，当天就被邀请发表就职演讲："这次选举大家都看在眼里，我今天要跟大家说一下，我得了170%的选票。"说到这里大家一愣，因为投票的结果是中层干部获得70%的选票，然而接下来他们听到中层干部是这样解释的："你们肯定会问，怎么会出现170%这个数字呢？其实啊，除去你们投给我的70%的选票之外，我自己还给自己投了100%的票，这就说明了两个问题：第一，我对自己充满了信心和期待，希望我能在更大的平台上为公司的发展贡献更多的力量；第二，为什么还有30%的人没有投票给我呢？不是他们讨厌我，而是他们不了解我，那么我在上任之后要做的就是以实际行动证明我的能力，让这30%的人在下次选举中都能不假思索地投给我，这就是我日后工作的重要动力之一！"

　　这位中层干部以投票这个事件作为素材，一方面表现出自己信心满满、精力充沛的工作态度和面貌，另一方面也在向大家立下誓言，用在工作中的实际表现证明大家的选择是正确的，要争取到全体干部员工的支持，表现出了对未来的憧憬，自然也让每个人充满了期待。

　　就职演说是我们迈向新的工作岗位的第一步，也是职场生涯中值得纪念的时刻。当我们没有拟出一份用于正式场合的稿件时，最好能以真诚自然的方式表达我们的真实感受，而非刻意构思主题强行拔高。以一种朴素而不失俏皮的方式展示自我，引发听众的共情和赞许，才能引导大家对我们走上新岗位之后的行为产生期待，而这就是我们新职业生涯的起点。

2

离职告别：让情绪动起来

和就职演讲相比，离职演讲似乎是很多人不太愿意面对的话题，但其实离职和就职都是职场生涯中进行岗位调整的必要过程，不必对它赋予任何负面的感情色彩，只有先确定这个基调，我们才能以正面的、积极的心态发表一次即兴演讲，在临别之际留给大家良好的印象和美好的回忆。

那么，离职演讲都有哪些需要注意的原则呢？主要是情感和交流两大元素。

第一，表达真实的依依不舍之情。

如果一个人在某个单位工作了超过一年的时间，那么或多或少总会和身边的同事结下友谊，至少是"职场上的特定友谊"。那么在面对分别时，这种感情就不必隐藏，而是要真实地表达出来，这也是几乎所有离职演讲都必须具备的情感基调。需要注意的是，渲染离别之情应当本着真实可信的原则，不能刻意地煽情，这样只能引起听众的反感，甚至还会被人解读为暗含着某种讽刺。所以，演讲者一定要将代入自己的真情实感，不必进行夸大的艺术加工。

某中学的一位教师被上级调到另一所学校任职，受到校长邀请，该名教师发表了一番即兴演讲："各位老师，大家好！昨天接到上级领导的电话，我就明白分别的那一时刻到来了。在没有办理手续之前，我还自欺欺人地认为自己还是咱们学校的人，因为我和这里还有那么多无法割舍的牵连。但是在办理完所有手续之后，我不得不接受一个事实，从此我不再是咱们学校的人了。回想过去六年的时光，一切仿佛还在昨天，我和你们一起备课，一起批改作业，一起参加各种教学活动，特别是在各类需要团队合作的比赛中，我和大家都力争第一，让其他学校总是'担惊受怕'，而我们也最终拿到了属于自己的荣誉。这是我一生中最难忘的经历，也让我得到了前所未有的锻炼。你们当中的很多人都是我结交的良师益友。相聚不知珍惜，离别才显情重。当我曾经送别其他老师时，我完全体会不到他们的心情，而此时此刻我终于明白分别的不舍了。虽然这不是什么伤痛，却总也抹不掉一丝伤感，幸好我的新工作单位距离不远，我会常回家看看。把最真诚的祝福送给你们，谢谢大家！"

在这段演讲中，该教师一方面抒发了离职时的不舍，另一方面也重温了和大家共同度过的美好时光，很多感情都是蕴藏在工作的点点滴滴之中，这样的情感抒发就很真实，容易让大家从回忆中找到真情。而如果只是一味地煽情，就很难让听众换位思考，这是离职演讲的大忌。

第二，营造现场的交流感。

一般来说，离职演讲是在一些辞别会之类的特定场合下进行的，是存在着一种活动氛围的，那么作为演讲者就要顺着这种氛围和听众进行交流。当然，这里所说的交流并非指和听众互动，而是在演讲的过程中产生一种"对话感"，就像在和台下的听众聊天一样，要完全剔除自说自话的模式，这样听众才能充分聚焦在演讲内容上，并被激发出相应的情绪。

某旅行社的一位管理人员离职，在辞别会上应大家要求发表即兴演讲，这位管理人员是这样说的："大家下午好，我记得我是四年前的隆冬时节来到这里的，当时办公室里有小刘和小赵（看向台下的小刘和小赵，两人也点头示意），我一度以为我会一直在这里工作下去，想不到四年后的今天，我要伴随着和煦的春风离开了（听众笑，演讲者也跟着大家笑的节奏一起笑）。其实今年的春天比想象中的要冷一些，大家现在还有穿着羽绒服的（用视线扫向台下穿着较厚的听众），但是此时此刻我比任何人都要暖和，不是因为我穿得厚（拍了拍自己的衣服），而是因为你们放下手头的工作一起来送别我，这才是进入我内心世界的春风。在过去的四年里，我有太多感慨和留恋，现在都一股脑儿地涌上心头，这里有一直包容我、教育我的领导（看向台下的领导并作揖表示敬意，领导点头回应），这里有我朝夕相处的同事（看向台下的同事并挥手致意，同事微笑回应），借此机会，我要向你们致以诚挚的谢意！我不会忘记这段宝贵的人生经历！谢谢你们！"

在这段演讲中，管理人员始终让演讲内容有明确的诉说对象，要么是穿着较厚的听众，要么是曾经共事的同事，同时也不忘用动作来强化表达（拍衣服表示穿得不厚），充分营造出一种聊天式的演讲氛围，每一处情感的迸发都有寄托的对象，因此听众会时时刻刻聚焦在演讲者身上，并被激发出不舍、伤感、祝福等真情实感。

和就职演讲不同的是，离职演讲更侧重社交属性和细腻情感的表达，所以在语言的运用上必须掌握好分寸，既不能过度煽情，也不能冷漠无情，更不能随意乱开玩笑。当然，如果是你演讲的新手，不敢尝试自由发挥，也可以参考下面的模板来套用内容。

1. 切入

通常以"尊敬的同事""朋友们"或者"大家好"等打招呼的方式切入，尽量照顾到在场的每个人（如领导、同事、下属等），保持谦和与礼貌。

2. 开头

为了表现出懂得人情世故，可以通过致谢的方式简单介绍一下离职的原因和经过（也可以省略），如"感谢领导对我的理解，批准我辞职"之类，这部分力求简洁自然，真切得体。

3. 主体

简要回忆自己的任职经历并进行概括性总结，这部分需要实事求是地表达，可以提到自己在任职期间取得的成绩，同时也不要回避犯下的错误，要尽量把成绩归功于集体，而错误则不要胡乱甩锅给他人，这样才能和听众彻底打破所有隔阂，转入到纯粹的"交心"状态，让演讲的情感氛围变得更加浓郁。

4. 收尾

离职演讲的收尾不可草率，一定要表达出自己的不舍和对听众的感谢与祝福，要讲究表达的仪式感，这样才能给予听众回馈掌声的合理过渡。如果是仓促结尾，可能有些听众还没有反应过来，那就会让现场气氛比较尴尬，毕竟已经离职的人不会再有下一次演讲的机会来弥补过失了。

离职，几乎是每个人的职业生涯中都可能经历的过程，当然离职并不意味着人生会进入低谷，对于有的人来说是新的开始，对于有的人来说是追寻自我的阶段性调整。所以不必把离职演讲弄得悲情满满，一来并非所有人都能与你共情，二来是会掩盖你在工作期间绽放的光芒，所以我们有必要保持积极向上的主旋律，突出对同事和领导的留恋与感激，同时给予继任者鼓励和希望，这样我们就能以一个较为完美的收尾结束一段职场经历，迎接明天辉煌时刻的到来。

3

竞聘上岗：让评委信任你

有人的地方就会有竞争，而职场中的竞争事关个人的前途和命运，是最不能掉以轻心的比赛场地。为了谋求一个理想中的职位，我们势必要通过竞聘上岗的方式展示自己力压群雄的竞争实力，以超过他人的优势条件获得制胜的一击。在这种激烈斗争的背景下，如何发表一场竞聘演讲，将决定你未来的职场发展。

想要做一次精彩的就职演讲，需要注意内容的构建和语言的组织，下面我们就具体进行剖析和举例。

第一，表达简洁有力。

即兴演讲通常都不会太长，而竞聘演讲更是如此，因为要照顾到其他竞聘者的发言时间，所以我们切勿把演讲弄得又臭又长，这样既会引起听众的反感，也会让竞争对手认为你在挤占他们的宝贵时间，直接拉低了所有人对你的印象分。因此，在语言表达上必须做到简洁有力。

简洁，是在最短的时间内把自己的突出优势介绍出来，每个优点只需要一句话即可，如果是核心优势则可以酌情延长；有力，是指通过新颖的、充满力量感的词汇表达自己的竞聘态度和决心，对听众产生强大的感染力。

某事业单位举行了职务竞聘，在现场有一位竞聘者是这样发表竞聘演讲的："尊敬的各位领导同事，上午好！去年有幸来到市委办这个温暖团结的大家庭。今年是我的而立之年，三十而立，正是应该出成绩的年纪，所以，我本着锻炼自我的目的参加这次竞聘，愿意接受大家的点评，就是想在而立之年让自己不留有遗憾。现在请大家注视我三秒钟，这是一个稳重而不死板、激进而不张扬、温和而不懦弱、愚钝而不懒惰、正直而不固执的人。平心而论，我没有辉煌的过去，所以只求把握现在和未来。如果我有幸竞聘成功，我将笨鸟先飞，不负众望，不辱使命，通过实际行动让大家认识我、了解我、帮助我、支持我。也正因为如此，促使我在以后的工作中励精图治，恪尽职守，倾尽全力来回报组织和同志们，谢谢大家！"

这位竞聘者的发言时间不过一分多钟，却以内容饱满、表达多样的特点给听众留下了深刻的印象。特别是在介绍自己的个人特质时，用了一连串的描述短语，简短却充满力量，很难不让人产生进一步了解竞聘者的愿望。

第二，内容层次分明。

竞聘演讲不仅要向听众介绍自己，还要大胆地进行假设——如果我当选之后会如何如何，这其实是很多领导比较关心的内容，因为这段设想能展示出竞聘者的工作方法、职场规划以及人生格局等，对于不了解竞聘者的同事来说，也是增进了解的一个切入点。所以，演讲者既要展示出独特的个性和优势，也要给予听众对未来的期待，尤其是要向领导递交一份"工作纲领"，只有把这几方面的内容都表达清晰，才能有利于竞聘成功。

某中层干部准备竞聘办公室主任的职位，在发表即兴演讲时是这样征服听众和评委的："感谢组织对我的信任和支持，根据自身的能力条件，我准备竞争办公室主任的职务，衷心希望各位评委能为我投上宝贵的一票。众所周知，办公室是一个综合科室，涉及面广、事务繁多、要求很高，是其他任何科室不能相提并论的。我之所以有信心竞争办公室主任的职位，得益于我自身具备的三大优势。一是拥有10年的办公室工作经验，让我养成了做好办公室工作必备的政治觉悟、全局观念以及大局意识；二是我正直诚实，工作上争先争优意识强，能够善待每一位同事，擅长沟通协调；三是我长期以来注意和多部门的工作联系，拥有与上下、左右深入的工作沟通基础，能够驾驭岗位职责范围内的工作。如果我能得到组织的信任和同事的支持成功当选，我会在五个方面积极行动：一是加强学习，提高综合素质，适应新岗位的工作要求；二是开拓进取，不因循守旧，不断创新工作方法，完善管理手段，对办公室工作的管理更加科学规范；三是持续改进工作作风，规范服务行为，顾全局，讲协作，维护办公室的良好形象；四是完善工作流程，提高工作质量，确保日常工作正常有序地开展，为圆满完成各项任务提供可靠的保障，进一步提升办公室工作质量；五是借助现代化办公管理手段，让公文管理科学化、专业化，完成公文的收发、传递、文印、督办及所有文书档案资料的归档工作。最后，借此机会，我要向多年来给予我关心和帮助的领导和同事表示衷心的感谢！"

这位中层干部的演讲，条理十分清晰，先是概括性地介绍了自己的三大优势，给予评委进行考察的兴趣和信心。然后又提出了自己在当选办公室主任后的工作设想，五个方面滴水不漏，展现出了规划能力、分析能力和丰富的工作经验，真正做到了让外行震撼、让内行称赞的地步，自然就力压了其他竞聘者。

第三，把人情融入其中。

竞聘上岗，虽然本质上是比拼彼此的专业技能和综合素质，但我们也要承认，这其中离不开评委的印象分，简单说就是演讲者是否懂得人情世故，对竞聘的成败，也有着一定的影响。当然这里所说的"人情"不是说讨好评委或领导，而是在措辞中表现出一股浓浓的人情味，我们可以把它理解为对企业、单位的感恩之心，有了这种感激心的存在，你受到重用的可能性就增加了。

某企业在竞选优秀员工时，一位竞聘者是这样组织语言的："今天我能参加优秀员工的评选，我深感自豪。虽然这段时间我在工作中取得了一些成绩，但这主要得益于部门同事的默契配合，也得益于公司优良的团队氛围和经营理念对我的熏陶，所以我要感谢各位领导的栽培与厚爱，感谢各位同事对我的支持和帮助。在《钢铁是怎样炼成的》这本书中有一段经典论述，'人的生命只有一次，当我离开这个世界的时候，我不因虚度年华而懊悔，也不因碌碌无为而后悔。'对于我们来说，公司给予每一个人展现自我的平台，我们需要感恩！我不能忘记，没有企业的发展，哪有小家的幸福；没有企业的辉煌，哪有事业的成就！正是企业和我们紧密相连，才让我们会聚于此，所以我们不能把工作只当成谋生的手段，还要以感恩的态度面对它。服从领导，听从指挥，恪尽职守，无私奉献，以感恩之心化解工作中的消极态度，以感恩之心将企业的利益放在第一位！这就是我的心里话，最后，我祝愿大家工作顺利，身体健康，阖家幸福！"

这位竞选者的发言重点突出了"人情世故"，把对企业的感恩之心当成了核心。可能有人认为这是跑题了，事实上这是一种很讨巧的方式，通过强调感恩之心向评委暗示：如果我竞选成功，会对支持我的人报以感恩之心，也会更加热爱给我工作的企业。这样一个懂得报恩的竞选者，自然就赢得了极高的印象分。

以上三条是竞聘演讲中最容易产生亮点的方法，你可以只突出某个方面，也可以全部兼顾，总之就是，你要么在表达上标新立异，要么在逻辑思维上层次分明，要么在情感上渲染到位，最终选择从哪个方向突破要结合你的自身特点。

4

工作部署：让精神传出去

在日常工作中，我们会通过开会的形式传达上级的精神指示，通过动员大家领悟会议精神来统一思想认识，进而部署现阶段或者下阶段的工作安排，这就需要我们在有效整合演讲内容的基础上，用通俗易懂的语言宣贯会议精神。

在涉及工作部署的会议上，即兴演讲要特别注意一点：控制时长，通常要在3~5分钟之内。这是因为在没有事先拟稿的前提下，说得越多越容易出现漏洞，而在正式的工作场合会暴露自身的缺陷，同时也是为了避免参会人员产生厌倦和反感的心态。这就需要掌握一定的技巧，下面我们就来简要分析一下三大要点。

第一，锁定受众目标。

或许有人认为这一条是多余的，因为受众目标不就是在场的听众、参会人员吗？这种说法并不算错，但一定是不严谨的，毕竟在会议中可能涉及的工作任务是存在主次先后之别的，也就是某一部分群体是担当责任的主力，而另一部分可能是第二梯队，甚至还有一部分人并不存在直接责任关系。那么在这种情况下就有必要在演讲中锁定受众目标，让该肩负责任的人知道自己要做什么，这样才能"点对点"地传达会议精神，确保信息的对称性。

在某县城举行的一次食品安全工作会议上，县领导就食品安全问题发表了即兴演讲："今天我们开会是为了统一思想、强化责任。如果不统一思想，心就会散、事就做不好。下面，我就提三点意见，请大家一定要认真记下：第一是要提高认识。去年我们县通过深入开展食品生产企业落实质量安全主体责任，加大了对食品安全的监管力度，食品安全状况总体水平提高。但是在今年的巡查回访中，发现各食品企业、生产作坊存在不少问题和薄弱环节，因此必须坚持严格生产标准、加强出厂检验、确保食品质量安全等措施，才能保证我县的食品安全和质量信誉。第二是要明确主体责任。企业、作坊负责人是食品安全的第一责任人，只有牢固树立质量观念，用完善的质量管理制度约束员工，才能真正提高产品质量合格率。第三是要严惩违法违规的企业作坊。这就要求监管部门必须认真纠正，采取严厉措施，否则就是失职渎职，是要负法律责任的，这也是我们今年的工作重点之一。最后，我希望各生产企业、作坊以这次会议为契机，学习食品安全方面的法律法规，明确企业责任，让企业走上健康发展的正确道路。"

县领导的即兴演讲和食品安全有关，而这个领域涉及企业、市场和监管单位等众多参与者和执法者，如果没有明确锁定受众目标，总有人会自欺欺人地认为和自己无关，这就会造成责任所属不明，认识缺乏统一，所以县领导才在讲话中提到了"企业"和"作坊"两大重要"主角"，此外还提到了"监管部门"这位重要的配角，意在提醒他们承担责任，把食品安全问题当成头等大事来抓。

第二，明确发言目标。

会议是相对正式的场合，即便参会人数不多也不能抹杀其正式性，而无论是身为领导还是普通员工，都不能随便发言，也不能曲解会议精神。发表即兴演讲时，可以在语言表达上缺少精致感，但必须要有目标感，要知道自己在说什么，不能偏离主题，也不能混淆视听，要在演讲中设立一条主线，让听众跟随自己的演讲脉络进行思考和领会，这样才能起到传递会议精神的作用。

某市举行了一场主题为"抢救古城"的常务工作会议，副市长针对保护古城的必要性与重要意义发表了即兴演讲："下面由我来谈谈保护古城的问题。大家都知道，文物具有不可逆性，老祖宗的创造是昨天的辉煌，也是今天的财富，更是明天的希望。所以我们必须要保护文物古迹的这种独特性，必须要有担当，要能肩负起历史赋予的责任。可能有人不理解，古城保护到底要做什么，答案是复原、复兴，按照整旧如旧的原则进行母体建筑和历史神韵的复原、复兴。说到这里估计还有人会问，为什么要和历史较劲呢？为什么不能为了发展而作出必要的牺牲呢？那我告诉你们，老祖宗把那么灿烂优秀的文化创造出来，然后在我们手里被毁掉，这不就是历史的罪人吗？这个损失是无法用GDP来衡量的。文物古迹对我们来说就是一座城市的灵魂所在，如果我们把它毁掉了，我们就是人们口中的不肖子孙，所以我们才要抓紧时间进行抢救。最后我要告诉大家，不要质疑保护古城的意义，它们对中国来说是唯一的，对世界来说也是唯一的。我们必须要有信心和勇气去做好这件事，为了我们的中华民族、我们的后代子孙！"

副市长的演讲严肃审慎，其中最突出的特点就是目标明确——保护古城。为了让参会人员明白目标的意义所在，副市长深入浅出地讲述了保护文物古迹的初衷，并假设没有保护而付出的代价是什么。这种近乎自问自答的方式，就很好地回答了部分参会人员心中的疑问，让他们打消种种疑虑，全身心地投入到保护古城的工作任务中。

第三，总结发言意见。

通常在3~5分钟的讲话时长中，文字数量大约为600~1000字，而如果时间再长一点、语速再快一点，信息量也会进一步增大，这就意味着听众记得最清楚的是后面的部分，这就造成了信息的分散性和破碎性，不利于会议精神的传达。所以在发言中需要在收尾时进行意见总结，将"干货内容"精简化，给予听众回忆和理解的过程，从而达到认知统一的目标。

在某高校的暑期工作会议上，校长发表了即兴演讲："大家好！这次暑期工作会议的主题是学风教风建设。子曰：'君子务本，本立而道生。'学校的发展需要稳固根本，这个根本就是学风和教风，它决定了我们学校在社会上的地位和影响。没有勤奋刻苦的学风，没有教书育人的教风，就没有一流的本科、一流的教学和一流的学术，我们学校的存在就失去了价值。所以我们要把学风教风建设成学校的发展之本，掀起新一轮的学风教风建设的热潮。我认为，只有固本强基，良心和良知才能回归教育，才能避免被功利和浮躁侵蚀我们的身心，所以教风和学风需要我们用定力和坚守来维系……说了这么多，我只希望大家牢记一点，学风立人，教风育魂。有拼搏向上的进取心，才有顶天立地的大写的人字！有一心为公的奉献之心，才有清正质朴的园丁之魂！在这里，我愿与君共勉，互相监督！"

在校长的讲话收尾时，再次强调了"学风和教风"这一主题，同时用简短的话对它们的关系进行了阐述，让参会人员重新梳理了演讲主题的线索，强化了认知，明确了会议主旨。

工作部署时发表的讲话，是一种特殊形式的演讲，因为它几乎没有即兴色彩，而是按照规矩注定会发生的，只不过具体涉及的内容带有一定的实时性，这就需要我们在参会之前尽量做好周全的准备。不论我们身居何种职位，都要保持相应的高度和大局观，这样才能和上级传达的精神更好地融为一体，推动会议走向成功。

5 团建活动：让全员心聚齐

团建活动是企业日常运营中不可或缺的组成部分，通常是以茶话会、拓展训练等形式展开，对团结全员、带动心气、宣扬企业文化有着重要意义。一般来说，在这种场合中难免会被临时邀请发表讲话，这就需要我们用合适的演讲主题和恰当的语言表达助推团建活动的顺利完成。

想要做好团建演讲，需要从三个方面入手：带动团队士气、启迪全员心智和弘扬正气精神。之所以注重这三个方面，是因为士气是集体活动不可缺少的组成部分，也是企事业单位最需要的工作状态；全员心智关乎对团建活动的理解与认识，是把活动内容进行升华的关键；而正气精神则是宣扬企事业单位文化氛围的存在，关乎未来发展和外界影响力。下面，我们就逐一分析如何在演讲中做好这三个方面。

第一，带动团队士气。

某公司组织了一次员工间的电竞比赛，总经理发表了即兴演讲，他是这样说的："自从我们公司成立以来，经历了 20 年的风风雨雨，如今已经发展成为全国知名企业，这离不开全体员工的共同努力，为此我要向每一位辛勤工作的员工表示衷心的感谢！正是因为有了你们的付出与奉献，才换来了我们组织团建活动的欢乐时光！大家都知道，和谐从沟通开始，只有无障碍的沟通才能了解彼此的诉求，从而获得相互的理解。为了提高公司各部门之间的团队协作能力，同时也是为了加强员工的凝聚力，我们在今天举办了一次电子竞技大赛。众所周知，电子竞赛是网上娱乐的重要内容，符合我们公司年轻人较多的特点，所以公司希望通过这种喜闻乐见的活动增强团队协作能力，把游戏转化为提升自我能力和团队协作能力的桥梁，让公司各部门和各员工之间加深了解、增进情谊。同时，公司也希望通过这次电子竞技比赛，让大家在繁忙的工作之余放松一下心情，减轻工作压力。最后，我希望所有参赛队员在比赛中本着'勇夺第一'的原则，把不服输的精神用到今后的工作中去，成为电子游戏中的王者，成为虚拟世界的英雄！好了，比赛现在正式开始！"

在这段时长两分钟的即兴演讲中，总经理多次强调了电子竞技比赛所产生的积极作用：加强团队协作、增强员工凝聚力、培养不服输的劲头……这些恰恰也是日常工作中最需要的优秀品质，这本身就能刺激部门和员工之间你追我赶的热情。特别是"电子游戏中的王者"和"虚拟世界的英雄"这两个头衔，更是能最大程度激发年轻人争强好胜的特点，瞬间就点燃了参赛选手的斗志，让这次与众不同的团建活动给大家留下了深刻的印象。

第二，启迪全员心智。

某事业单位在节假日举行了一次拓展训练活动。当大家穿上运动服、摩拳擦掌地聚集在一起时，一位部门负责人发表了即兴演讲："大家上午好！很高兴今天能站在这里。首先我要说的是，请大家转过头看看周围，是你和你们身边的人组成了一个集体，成为公司的血液。我认为，一个公司最重要的就是员工，没有了员工就没有了血液。企业就像是一个巨大的机器，员工就是机器上不可或缺的零件，一个零件坏掉，就可能导致整个机器报废，但是有的零件坏了，机器也能正常运行，这就是有用零件和无用零件的区别。那么，怎么才能成为一个有用的零件呢？这就要从我们今天组织的拓展训练说起。拓展训练是一种体验式的学习训练，只有参与这项活动，我们才能真正体会集体的力量有多么强大，才能发现人与人之间的交流是多么重要。如果我们每个人都能坚守在自己的岗位上并对工作负责，那么企业就会保持不断向前发展的动力。就拿'蛟龙出海'这个项目举例，它需要每个人步伐一致，才能顺利走向终点，只要有一个人不和大家配合，就会拖累整个团队，这就是有用零件和无用零件的区别，我想大家都希望成为有用的零件吧？那我们就要学会和集体步调一致，发挥自己的主观能动性，不怕吃苦，对胜利充满渴望，这样你的团队才有机会拿到第一名。这是我们推崇的团队精神，也是我们一直在宣传的企业精神，请大家牢牢记住，我们会不怕风雨，也不怕骄阳，我们要成为有用的员工，优秀的人才，这样我们才能走得更远、飞得更高，我宣布，今天的拓展活动正式开始！"

在这位部门负责人的发言中，先是用"血液"来肯定员工对企业的价值，随后又通过"有用零件和无用零件"的比喻，让员工意识到并非每个人对企业都是不可或缺的，只有发挥出自己的长处、与企业的发展目标一致，才能成为"有用零件"，这就给那些得过且过、安于现状、缺乏进取心的员工敲响了警钟，也让那些力争上游的先进分子备受鼓舞，愿意为企业的发展和自我价值的实现而不断努力。

第三，弘扬正气精神。

某高校在建校五十周年时组织了一次大学生素质拓展训练，一方面对建校纪念日进行庆祝，另一方面是凝聚全体师生的精气神，力争在教与学两条战线上都有亮眼的表现。在活动现场，校长发表了即兴演讲："各位老师同学们，大家下午好！今天我们在此隆重集会，召开纪念建校五十周年暨第八届大学生素质拓展系列活动开幕式。众所周知，青年是一个时代最活跃也是最具生命力的群体。五十年前，我们的学校在这个小县城中悄然诞生了；五十年后，我们的学校成为植根于这片沃土的知名学府，认真贯彻党的教育方针，坚持科学发展，弘扬优秀民族文化，传播现代科学知识，把'学而不厌，诲人不倦'当成校训，建立起开放性、前瞻性的教师教育体系和多元化、特色化的人才培养模式。如今在新时期和新形势下，更加注重促进青年学生的健康成长，而我们的校训就是重要的指导精神。正如孔子所说：'学而不思则罔。'生活在新时代的学生，面临着社会上的各种诱惑，但不要忘记学生的本业是什么？是认真学习和深入思考，这才是'学而不厌'的精神所在。同样，教师作为学生的引路人，也不要被个人利益和眼前利益蒙蔽了双眼，要保持'诲人不倦'的进取精神，在理论上和思想上积极引导学生把握时代脉搏、勇担强国使命。如今，中华民族伟大复兴的时代已经来临，当代大学生承载着中华民族的未来和希望，我们要继续坚守'学而不厌，诲人不倦'的校训，师生共同努力，谱写出壮丽华夏的新篇章！"

这位校长的讲话，反复提及该校的校训，它不仅是需要遵守的规矩，更是影响广大师生的正气精神。有了"学而不厌"的引导，学生才能自觉抵制物质社会的诱惑；有了"诲人不倦"的恪守，教师才能发自内心地抵御外界的腐蚀，这样才能达到"师生同心，其利断金"的终极目标。他们会在这种正气精神的熏染下，把个人的命运前途和国家的发展大计紧密联系在一起，开创一个全新的时代。

团建活动作为娱乐性和工作性兼具的存在，它要求演讲者在内容上严肃与活泼结合，在表达上轻松与正式并重，既符合团建活动的本质要求，也不以打官腔的方式扫大家的兴致，这样的巧妙结合才能达到寓教于乐的目的，促使单位全员上下拧成一股绳，为未来的事业发展奠定良好的群众基础。

6

座谈讨论：让分享感溢出

团队是由无数个体组成的，而个体之间天然存在着差异性，这是无法回避的客观事实，虽然团队要保持统一的战略方向和思想认识，但不能通过简单粗暴的方式强行统一观点，而是需要通过讨论交流交换认识，在观点的碰撞中保持思想的同一性。

解决上述矛盾的最好办法，就是通过组织座谈会来完成。座谈会是一种圆桌讨论会议，一般以茶会的方式进行，和正式会议相比气氛更加轻松。主持人负责引导讨论，让参会人员围绕一个核心话题发言，每个发言者也会间接发挥话题的引导作用：成功的发言者会让即兴演讲抛砖引玉并最终达成共识，而失败的发言者会把讲话弄得全无重点甚至彻底跑题，把座谈会变成聊天会。下面，我们就来介绍一下座谈会上发表即兴演讲的技巧。

第一，逻辑清晰，划分要点。

座谈会的核心目的是交换认识、统一思想，这就需要在理性层面说服对方，要用清晰可见的逻辑主线把所有零散的、琐碎的认识串起来，这样才能把认识系统化，把概念统一化。很多时候，有些人之所以有不同的声音，并非真的站在主流认识的对立面，而是只局限于某一块认知区域，无法统览全局，从而造成了认知的偏狭，这就需要有人将其带出认知的误区。

某省组织召开了一次旅游专题的调研座谈会，一位旅行社的负责人发表了即兴演讲："这次我和几位省内相关部门的同志进行了走访调研，一路上增长了不少见识，也收获了很多感想，意识到我们行业的发展潜力巨大、社会责任重大。如何保护好上天留给我们的宝贵资源，如何利用好先人留给我们的遗产，这是一个重大的课题。我认为，我们必须加快发展旅游产业，这是因为我们拥有得天独厚的优势：一是生态环境优越，全省拥有多个名山大湖，森林覆盖率在全国名列前茅，这就是发展旅游产业最需要的自然环境，是一种宝贵的自然生产力，我们必须将这些生态优势转化为经济优势，才能对外打出一张亮丽的名片。二是我们的自然旅游资源丰富，有着品位高、种类多等特点，尤其是很多历史文化都能和绿色生态连成一体，完全是自然天成和人文造化的完美结合。三是历史文化底蕴深厚，构建了丰富多样的人文生态环境，可以酝酿出很多精彩的文创产品。四是区位优势明显，这几年兴修了不少铁路和公路，航空交通条件也得到了极大改善，这就是我们吸引外省游客的优势。根据以上四大优势，我们只要抓好科学规划，突出旅游精品，发展配套设施，做足宣传推广，就能尽快把我省建设成为旅游产业大省！"

这位负责人逻辑清晰，先是讲出了本省发展旅游产业的四大优势，打消了一部分人的顾虑，然后给出了发展旅游产业的"二十四字诀"，为大家指明了前进的方向。既从理性认知的层面统一了思想，也从精神鼓舞的层面提振了士气，自然就取得了良好的发言效果。

第二，肯定成绩，坦言现状。

团队中绝大部分人都会有付出和牺牲，这既是每个人的个体业绩，也是统一认识的出发点：既然大家都愿意为集体付出，那么我们何不统一认识，把这种奉献精神形成合力呢？所以，在发言时要肯定个体的成绩，给予他们的尊重和认同，然后再指出现状，引发他们进行深度思考，这就能最大限度地消除分歧。

在某工程技术人员的座谈会上，公司的一位项目经理发表了即兴演讲："今天的座谈会上，我先不讲理论，也不列数据，而是要感谢奋战在一线的同志们,正是因为你们的辛勤付出,让我们在XX项目的建设中最终克服了重重困难,取得了满意的成果。回想那段艰难的日子,是你们在技术力量薄弱、工作千头万绪、投产面临阻碍等诸多不利的情况下攻坚克难,没有你们严格检查生产工艺,没有你们精心部署,我们就无法为客户交付合格的项目,在此我向各位表示深深的感谢。在结束这个项目之后,我们又迎来新的挑战。相比于上一次,这次的建设周期更短、任务量更重,也为此形成了多种解决方案。我知道大家的初心都是为了解决问题,我们也提倡各抒己见的工作作风,不过现在是我们需要统一认识的关键时刻,我相信大家不会忘记你们的敬业精神,不会舍弃你们的专业态度,更不会丢掉你们吃苦耐劳的优良传统,当然最重要的是我们有着团结一致的精神内力,是这种内力造就了我们优秀的个体。现在正是需要大家摒弃分歧、眼望一处的时刻,我相信大家能够在并肩战斗中理解意见的分歧点,因为我们本来就是在一个战壕中历练出来的老战友。下面,请让总经理把最终方案向各位公布,大家欢迎!"

项目经理深知在新项目中团队存在分歧,所以他没有先去谈这个问题,而是充分肯定了上一个项目中大家的辛劳付出,打出了一张感情牌,然后借着对这种工作精神的赞许,把团队成员的优秀品质依次罗列:敬业、专业、吃苦耐劳、团结一致,而每一个优点都是在指向"消除分歧、统一认识",让大家很难再从个人的角度发出反对之声。最后在收尾时,项目经理把总经理的发言过渡出来,暗示大家暂时放弃各自的想法,听从公司的统一安排,让座谈会的核心目标得以平稳落地。

第三,上升高度,着眼未来。

并非所有的座谈会都存在分歧,有时候是需要给团队加油打气的,那么在这种场合下,发言者就要将会议主题上升到一个闪耀的高度,这样才能给予团队全员为之努力奋斗的动力。同时对未来进行乐观的描述,激励大家一往无前地投入到工作中去,让座谈会兼具"誓师会"的功能。

在五一国际劳动节到来之际，某社区举办劳模代表座谈会，社区主任发表了即兴演讲："同志们，今天召开座谈会主要有两个目的：一是通过座谈的形式纪念这个属于全世界工人阶级和劳动人民的光辉节日；二是进一步弘扬劳模精神，为我社区的未来发展提供强大的精神动力。首先，我谨代表社区委、社区政府向各行各业的劳动群众致以节日的问候！正是有了你们这些优秀的劳动者，才为我们的社会发展添砖加瓦，所以我们要尊重和保护一切有益于人民和社会的劳动者，不管是体力劳动还是脑力劳动，都是我国社会主义现代化建设所需要的劳动投入，都应该得到尊重！如今我们正处于时代发展的转折点，需要在全社会形成尊重劳模、学习劳模的良好风气，因为我们的时代需要劳动模范，我们的社会需要先进人物！只有我们万众一心，才能全面建设小康社会，而劳动模范的无私奉献和敬业精神就是重要的推动力量！最后，祝大家节日快乐，阖家幸福！"

社区主任的发言，把劳动模范的荣誉上升到了社会主义建设的高度上，同时提出了尊重所有劳动者的认识，这对每一位劳动者都能起到鼓舞人心、给予尊严的作用。然后在畅想未来的描述中，再次肯定了劳动者奉献付出的伟大意义，激励他们继续保持任劳任怨的优秀品质，把座谈会的氛围推向了新高潮。

在座谈会上发表即兴演讲，既需要站在全局的角度消融差异化的认识，也需要站在个体的角度为大家答疑解惑，这样才能真正从认知层面消除分歧、化解矛盾，让团队真正成为战略精神的统一体，在保留个体差异化优势的同时又能将目光汇聚在一处，为共同的目标而努力奋斗。

7 主持会议：让气氛热起来

日常会议是职场生涯的必经阶段，也是所有企事业单位的常态工作内容。当我们是会议的参与者时，我们只需要从个人视角出发表达观点，但如果我们是会议的主持者，那就要肩负更重大的责任，解决一系列难题，诸如化解矛盾、调动情感以及重申主题等，兼具主持人的职业功能，发挥通观全局的组织作用，通过庄重的言谈和强大的感染力，带动整个会议气氛进入高潮。下面，我们就来介绍一下如何在主持日常会议时发表即兴演讲。

第一，化解矛盾。

同在一个屋檐下共事，难免会发生磕磕绊绊的事情，但矛盾产生后要尽快解决，尤其是不能带到工作中，这样影响的不仅是矛盾双方，而是整个团队。所以，当你得知团队内部发生了摩擦后，就要酌情考虑两种处理方式：一种是私下调节，这种适合应对小范围的矛盾；另一种是公开说明，这种适合应对大范围的或者是产生较大负面影响的矛盾。一般来说，能够私下解决的肯定不应该摆到桌面上，但如果已经在团队内部传开并造成了不良影响，这个事实就不能再被继续掩盖，否则将会破坏团队的正常工作秩序和内部团结。

某事业单位两名员工发生了矛盾，从最初的暗中较劲逐渐发展为公开争吵，还逼得不少员工下场站队，导致该部门在近一周的时间内工作效率直线下降。后来，在部门领导的出面干预下总算结束了公开争吵，不过对立的余波还隐隐存在，于是部门领导借着主持日常工作会议的机会,再次提及了这件事:"非常高兴今天的工作会议由我来主持,周报由小张一会儿来说,今天我想问大家一个问题,你们相信缘分吗?相信的请举手。"说到这里,参会人员大部分都举起了手,领导继续说下去:"看来大多数人还是相信缘分的,我也相信。大家都说,前世的五百次回眸才换来今生一次的擦肩而过,那么我们这些聚集在一处的战友们,前世都不叫回眸了,那是不吃不喝地瞪着眼睛看了!(听众发出笑声)想想看啊,你们当中很多人的工龄都超过十年了,认识的时间也超过五年了,这就是一份难得的缘分,是外人前世瞪破眼睛都换不来的缘分,所以我特别珍惜和大家相处的每一分钟,我会尽力发现你们身上的优点,即便你们犯了错误,我首先想到的也是你们立下了哪些功绩。既然我如此珍惜这份缘,你们作为天天并肩奋斗的同志,更应该彼此珍惜了。好了,我就先说到这里,谢谢大家。"

领导的这次即兴演讲,看似和工作无关,但其实调节的正是团队内部的矛盾,是工作正常继续进行的重要保证,而领导的高明之处在于没有指名道姓,也没有粗暴批评,而是借用"相信缘分"这个话题作为开场白,以诙谐幽默的表达风格和大家闲聊,然后在不经意间引入上下级关系、同事关系,直击讲话主题并给出了"彼此珍惜"的答案,让矛盾双方都能再次冷静下来认真反思。

第二,调动情感。

召开日常会议,是为了让团队上下凝心聚力,以更饱满的热情和更积极的心态投入到工作中去,所以在安排工作任务之外,也不能忘记以激情四射的词语来调动大家的情绪,激发团队上下一往无前的冲劲和干劲。

元旦过后,某企业恢复了正常的工作秩序,一位中层干部在主持日常会议时,笑容满面地对参会人员做了一次即兴演讲:"大家新年好!灵猴腾空去,金鸡报春来。在这春暖花开的新春,我们迎来了新风气和新干劲。回顾过去的一年，不夸张地讲，那真是峥嵘岁月、历历在目。这一年里，在座的每一个人都用青春年华和辛勤汗水浸泡过三百多个日日夜夜，艰苦繁重的工作任务，已经留在了我们的记忆里，虽然一年的时光在我们的人生中不过是弹指一挥间，然而它所沉淀的甜酸苦辣和人生精华将成为我们一生受用的精神财富。今天的日常会议虽然看起来和以往没什么不同，但这是新年召开的第一次例会，在这里我祝愿大家天天有个好心情，笑口常开！月月有份好收入，四季发财！年年有个好身体，青春永驻！"

这位中层干部的讲话虽然听上去有些"水分"，缺少"干货"，但这正是会议主持应该考虑到的：元旦假日刚过，不少人还沉浸在对假期的回味和对春节的期盼之中，很难一下子切换回工作状态。此时强行跟大家谈工作效果会很差，不如接着新年新气象的契机，为大家鼓劲加油，以情绪带动情绪，而非用理性去对抗情绪。看似是在聊家常，实则是在为团队提升工作的热情和动力。

第三，重申主题。

作为会议主持，有必要对会议中涉及的重点内容进行重申和强调，这样才能突出会议的核心目标，同时也是为会议结束设置一个标准化的收尾。

某理财公司举办客户沙龙会议，一位负责人主持会议，当会议即将结束时，该负责人在总结点评环节发表了即兴演讲："让我们再次掌声感谢王经理！通过王经理的讲解，让我们明白几个道理：首先，理财非常重要，然而科学理财并非每个人都能做得到，因此必须多了解、多学习。其次，保险理财在现代家庭中是非常重要的，王经理推荐的保险计划，对每个人的养老理财都有重大意义。我发现在王经理讲话时，很多人都频频点头并认真做笔记，这就说明科学规划理财具有一定的理解门槛，这种专业性就是我们要提供给客户的，希望大家能认真消化王经理讲述的内容。让我们用掌声祝福我们理财事业拥有美好的明天！"

这位负责人在复盘会议时，把"科学规划理财"当成重点内容进行了重申，一方面是从客户的视角体现其专业性，这样才便于让客户更加依赖公司，以此来拓展业务；另一方面也是向员工宣贯掌握巩固理财知识的现实意义——你越是专业，客户就越离不开你。这种对会议核心目标的强调，符合公司的根本利益。

主持会议是一个技术活，同时也是提升个人组织能力、表达能力和管理能力的必要锻炼。只有当我们具备了洞悉人心的观察技巧、一语中的的表达技巧和鼓舞全员的提振技巧之时，我们才有机会成为会议进程的动力和向导，因势利导地引领大家朝着良好、和谐、积极的方向发展，把日常会议当成企事业单位发展的重要组成部分。

第九章 大型正式场合发言技巧

CHAPTER 9

1

典礼现场：仪式感和大格局

典礼仪式通常是集合了数百人的大型场合，具有较强的展示性、社交性和商业性，因此在这种比较正式和重要的场合中，发表即兴演讲就需要遵守"三字原则"：大、全、高。

所谓"大"，指的是演讲的格局要大，要具有一定的时代性和社会性，要区别于小型场合下的团队内部发言，简言之就是多说场面话。因为这种场合一般不要求讲话者在深度上有所发挥，而是要求配合盛大仪式的格调。所谓"全"，指的是要照顾到全体听众，这听起来像是一句废话，但其实对比小型场合下的演讲就会发现，通常这种大型活动邀请的人员成分复杂，各行各业的人都可能出现，人与人之间存在的交集、共同性较少，所以必须在发言时照顾到每一个群体，才能达到统观全局的效果。所谓"高"，指的是要通过语言的艺术把演讲推向一个高潮。注意这里所说的"高"是指情绪的高潮而非思想的高度。因为数百人聚在一起，要的是气氛热烈而非认知统一，只有从带动情绪的角度入手才符合典礼现场的调性。下面，我们就通过实操案例看看如何做好"大、全、高"这三条原则。

第一，构建大格局——将演讲主题上升到新高度。

某教育局组织了一次新童谣推广活动，在启动仪式上，教育局的副主任发表了即兴演讲："同志们、同学们，为了大力宣传中国的优秀童谣，引导未成年人享受健康阳光的文化产品，成为一个有理想、有道德的人，我们教育局积极响应中央和省里的要求，联合市文明办、市团委、市妇联等单位，以'六一'国际儿童节为契机，举办了'传唱优秀童谣、做有道德的人'活动的启动仪式。众所周知，一首优秀的童谣能够抒发少年儿童的真挚情感，是他们表达思想、享受快乐的一种学习渠道。通过开展丰富多彩的童谣传唱活动，可以在校园里营造浓厚的人文气氛，而构建童谣文化的育人模式，也是学校进行素质教育的载体，这是动画片、玩具所无法发挥作用的，因为童谣在孩子牙牙学语之际就成为一种独特的'教材'，它是每个人的启蒙老师，不夸张地讲，也是整个世界的启蒙老师，能够深入到一个人的童心深处，起到净化心灵、陶冶情操的作用。从这个意义上讲，大力宣传中国童谣，就是在传承和发扬中华民族的美德，让孩子们从传唱童谣中学会欣赏美、感受美、表现美。为此，我们不仅要认真传唱优秀的童谣，还要通过开展'学、编、传、诵、唱'等系列活动，让每一个孩子都能用自己的眼睛去观察生活，通过自己的心灵去体验生活，从而提升他们的审美能力和创新能力，成为未来的国之栋梁！谢谢大家！"

这位副主任在发言中，把小小的童谣所具备的人文关怀、文化传承和社会影响都一五一十地讲出来，尤其是"它是每个人的启蒙老师，不夸张地讲，也是整个世界的启蒙老师"这句话，把童谣的启蒙作用提升到了新的高度，而且从逻辑上讲并无漏洞，也无刻意吹捧的痕迹，反而能唤起每个人记忆深处的童谣，瞬间就把一次推广活动的格局拉大了。

第二，辐射全受众——顾及在场所有人的感受。

某投资公司在一次开业典礼上，一位来宾受该公司邀请发表了即兴演讲："各位领导、各位来宾，女士们、先生们，几经寒暑不眠夜，赢得祝捷爆竹声。今天，我的内心是非常高兴的，因为我的身后就是实力雄厚、业绩卓著的XX投资有限公司，它是由本市的著名经贸实业家一手创立的。值此开业庆典之际，请允许我代表XX机械工业总公司向XX投资有限公司表示热烈的祝贺，同时也对远道而来专程参加庆典的各位领导、各位来宾、各界朋友表示热烈欢迎。XX投资有限公司是一家充满活力和想象力的企业,历经数年的商海遨游,终于修成正果,他们在洽谈合作、项目调查、项目评估、项目评审等各个环节和流程中都有专业的表现和傲人的业绩,所以才成为本市的'十强杰出企业',更值得庆幸的是,XX投资有限公司在工业投资、农业投资、商品流通投资、房地产业等领域开拓业务时,都得到了本市政府相关部门和一些兄弟企业的帮扶和支持,请送给他们热烈的掌声!我相信,在XX投资有限公司成立以后,在上级主管部门的关怀下,在社会各界朋友的帮助下,会通过自身的拼搏和努力逐渐成长壮大,我向所有关心支持过公司筹备的各界朋友表示衷心的感谢!最后,祝XX投资有限公司开业大吉,庆典圆满成功!"

这位来宾虽然属于"客方",但是在讲话时充分照顾到了在场的全体听众,从政界到商界一个不落,而且反复提及,多次使用"社会各界"之类的代称,代替东道主表达了对所有支持者的感谢,辐射面非常广,遣词造句无一不体现出应有的礼节,演讲自然也取得了最佳效果。

第三,让情绪高涨——在表达中注入情感元素。

某律师事务所的开业庆典上,一位律师代表做了即兴演讲:"各位领导、各位来宾,大家上午好!我们律师事务所乘八面来风,应众心企盼,终于在这春暖花开之际开业了!值此开业庆典之际,我谨代表律师事务所的全体成员对各位领导、新闻界的朋友、律师业的同仁表示热烈的欢迎和真诚的感谢!在这让人热血沸腾的时刻,我心潮澎湃。为了这一天的到来,我们事务所上下都在认真筹备着,每个人都热情满满。大家也知道,没有热情,事业就不会沸腾。法律,就像是机器一样,不经运作将毫无意义,所以能否正常运作是关键,而我们事务所的人就是一群对法律怀有热爱和敬畏、对正义怀有渴求和向往、对社会怀有思考和责任的人!这是我们投身律师行业的源动力!我们所求的不仅是定纷止争，更追求未雨绸缪，为社会的长治久安作出我们应有的贡献！我们现在是初创阶段，虽然是一棵幼苗，却渴望长成为参天大树，希望在我们的成长岁月中，能够得到各行各业朋友们的支持和帮助，让阳光普照大地，让公道自在人间，让正义永存永续！谢谢大家！"

这位律师代表的发言，充分融入了情感元素，把一个法律人对法律、正义和社会的质朴情感淋漓尽致地表现出来，没有刻意煽情，而是句句在理，为原本"冰冷"的法律增添了几分温情，以热忱真挚的语言唤起了听众对正义的渴望。

掌握典礼现场的讲话技巧并不难，只要把自己的腹稿和现场的气氛进行对比，就能找出格局大不大的问题；再把腹稿涉及的人物和台下的听众进行对比，就能找出受众全不全的问题；最后在腹稿中寻找是否有调动情绪的文字，就能判断出听众情绪高不高的问题。抓住这三点，我们就能成为站在台上最闪亮的发言人。

2

节庆活动：言谈带着欢乐感

每年都会有大大小小的节日，每到节日则免不了组织一些庆祝活动，这时候发表一场即兴演讲，就是要表达对节日的热烈祝贺，为节日增添喜庆、欢乐、祥和的色彩，让现场听众沉浸在愉悦的情绪中。从这个意义上讲，节庆活动的即兴演讲，一定要与节日的气氛相互匹配，切不可变成学术演讲或者团队会议。下面我们就来通过案例来分析一下相关的发言技巧。

第一，开场要有强烈的气氛渲染。

节日庆典最需要的就是营造一种"锣鼓喧天、鞭炮齐鸣"的喜庆感，这样才能迅速地把听众带入现场的节奏中，让每个人的情绪都被充分调动起来。这就要求开场语言要充满热情和激情，要具有足够的感染力。

某县委书记在元旦庆典上发表了热情洋溢的即兴演讲，很快就让现场听众感受到了辞旧迎新的浓厚氛围："尊敬的各位来宾，同志们、朋友们，金虎送祥春归暖，玉兔纳福万象新！值此新春佳节到来之际，我代表全县向奋斗在各条战线上的工人、农民、知识分子以及部队官兵表示衷心的祝愿，希望大家在新的一年里身体健康、万事顺意、阖家幸福！在刚刚过去的一年中，我们县经历了发展史中最不平凡的一年，收获颇丰，满载喜悦！不仅城乡面貌有着翻天覆地的变化，人民群众也收入大幅度提高，可谓好事多多、喜事连连！我可以自豪地宣布，一个充满活力与魅力，充满亮点与业绩的县级城市正在崛起！这里面凝聚了广大人民群众的辛劳与智慧，也凝聚着社会各界的关心与支持。如今，时代大发展的号角已经悄然吹响，新的征程再度开启，新的机遇也来到我们面前，新机遇孕育着新希望，新希望也预示这新的跨越！最后，我再次祝愿全县各族人民新春吉祥，幸福安康！希望我们的事业迈上新的台阶，祝愿我们的明天更加美好！"

这位县委书记的讲话，一开场就用喜气洋洋的措辞把新年新气象的氛围渲染到位，然后在回顾过去一年的种种变化时，每个词汇都洋溢着喜悦、自豪和骄傲，让现场听众充分感受到了全县大发展的新时代节奏。正是有了这些词语的精心修饰，让整段讲话变得激情飞扬，产生了强烈的共鸣效果，让听众立即沉浸在欢欣鼓舞的情绪中。

第二，唱好节日的赞歌。

节日要表达的不仅仅是喜庆，还要带着真情实感去歌颂某个群体，这样才能动情于心、动情于人，让人们在感受到喜悦的同时产生荣誉感和成就感。

某市医院在辞旧迎新晚会上，由院长发表了一次即兴演讲："今天我们欢聚一堂，载歌载舞，辞旧迎新，共贺兔年元旦佳节。在此，我谨代表院领导班子向卫生局党组对医院工作的关心和支持表示衷心的感谢！同时，也向为医院的发展贡献汗水与心血的离退休老同志表示真诚的问候，也向一直坚持在工作岗位上的全体员工致以节日的祝福！最后，我要向参加这场演出的演职人员表示衷心的感谢！回忆过往，感慨良多。我们取得了亮眼的成绩，这些成绩印记着全院职工的努力付出和真情奉献。为此，请让我真诚地说一句：你们辛苦了！正是因为有了你们，我们医院才能承前启后、继往开来！在新的一年里，我们要迎接新的机遇和挑战，虽然希望和困难同在，但我相信有大家的通力合作，我们会以更饱满的热情、更激昂的斗志、更硬朗的作风，书写新的胜利篇章！最后，祝大家节日快乐，阖家团圆！"

这位院长的发言，充分照顾到了每一个为医院发展作出贡献的群体：

领导、离退休老同志、在职员工，以最热烈的词汇和最真诚的态度对其表示了感谢，此外还不忘感谢现场的演出人员，把一首赞歌唱响在了每一处角落，让在场的听众无不感受到被重视和被感激的欣喜与自豪。

第三，通过富有感染力的语言突出主题。

喜悦是节庆发言的主旋律，赞歌是节庆发言的组成部分，此外还有一个内容不能忽视，那就是节庆日的主题，这是需要我们通过感染力强的词语来凸显的核心内容。换句话说，我们在营造欢乐气氛的同时，也要适当注入一点指导思想，让人们牢记节日背后的故事和意义。

不论大小节日，它的存在都是一个约定俗成的特殊日子。在节日里，小到亲朋好友之间，大到社会团体之间，总要欢聚一堂、共同庆祝。只要我们把握好针对不同节日的性质和主题，在差异化中寻找共性，就能通过语言的魅力营造出特定的情境氛围，既能增强我们即兴演讲的吸引力和感染力，也能为在场的听众送去最诚挚的祝福。

3 表彰大会：体现你的荣誉心

表彰大会，是领导者对先进人物和先进集体的鼓励和肯定，是企事业单位的重要人力管理机制，能够起到激励先进、树立榜样以及鼓舞人心的作用，有利于推动企事业单位的长久发展。通常，表彰大会都和一些重要的节日，如"三八"妇女节、"五一"劳动节、"七一"建党节重合，借助这些特殊的节日对先进人物和集体进行表彰，肯定他们对团队乃至社会作出的突出贡献。所以，在表彰大会上的即兴演讲，就要在字里行间体现出上述精神。下面，我们就来逐个分析一下这类演讲的发言技巧。

第一，表达对荣誉的重视。

一般来说，很多受表彰的个人或者团队都工作在平凡的岗位上，他们只是因为对本职工作的尽心尽力才成为团队宣传的对象，从他们本心出发并没有奢望获得奖励，所以既然给予了他们这种无上荣誉，就要充分表达出对他们在工作上的认可与肯定，要尽量突出荣誉感、喜悦感和自豪感，这样才能真正激发表彰对象再接再厉的斗志。

第二，客观地描述被表彰者的工作价值和现实意义。

给予优秀人物以荣誉称号，意味着要让其他没有获得荣誉的人向榜样学习，这就需要从客观的视角出发，指出他们获奖的原因是什么？他们的工作对社会有何种重大意义？只有对这些问题描述清楚，才能起到服众的作用，才能凸显被表彰人物或集体的进步性，而非一味地褒扬而不作出任何解释。

某街道社区组织了主题为"为老服务"的工作表彰大会，一家电信公司和该街道进行了社会合作，该公司的经理受邀在表彰大会上发表了即兴演讲："尊敬的各位领导、各位嘉宾，今天我非常荣幸能够参加'为老服务'工作表彰大会。在街道社区的关心下，我公司各方面的工作进展都十分顺利，也取得了一定的成绩。但是我们知道，企业不能只追求求经济效益，也应当履行社会责任。现在社会节奏很快，人们在追求高质量生活的同时，却渐渐忽视了很多东西，比如老人的内心需要。步入老年的他们，其实比孩子更需要社会、家庭对他们的关心，而关爱老人就要从身边的一点一滴做起，用实际行动解决老人生活中的实际困难。XX社区在这方面做得相当到位，他们敏锐地发现社区老年人在生活中遇到的困难，每一位社区工作者都帮助老年人们解决问题，送给他们来自社会的关爱，客观上促进了全社会爱老、尊老、敬老、助老的良好社会风气的形成。更重要的是，社区把'关爱老人、尊重老人、孝敬老人，帮助老人'的活动常态化，不仅在社区内部将活动坚持下去，还联合我们这些企业共同参与，让我们能有尽一份绵薄之力的机会，带动社会全员关注'敬老爱老'的话题，为那些无助的老人撑起一片蔚蓝的天空。我相信，在社区的带领下，未来会有更多人加入'为老服务'的活动中，伸出热情之手，构筑人间大爱，让我们的世界充满欢声笑语，让老年人充分感受社会的温暖，安心地生活，尽享天伦之乐！"

由于本次活动表彰的是社区这个集体单位，所以这位经理没有从个人付出的角度出发，而是站在更高更大的视角上，从社会、人文、情感等多个角度论述关爱老人的重要性，没有浮夸的赞扬，也没有虚空的褒奖，而是处处和现实生活相结合，唤醒了听众对老年人的同情与理解，真实客观地讲出了社区在"为老服务"活动中作出的杰出贡献。

第三，被表彰者要保持谦虚谨慎之心。

上述两条都是从颁奖者的角度出发的，那么作为被表彰对象，在发表即兴演讲时该注意什么呢？最核心的一点就是保持谦虚谨慎之心，因为荣誉虽然来之不易，但作为模范榜样还应该保持平常心，这是中华民族的传统美德，也是在大型场合该有的行事风范。切不可将功劳都揽在自己身上，更不能夸大业绩，而是要以低调的态度和务实的作风真正赢得听众的尊重。

在某省广播剧年会的颁奖活动上，某电台广播剧组主任代表获奖电台发表了即兴演讲："今年是中国广播剧诞生60周年，也是中国广播剧研究会成立30周年，所以这是一个喜上加喜、令人激动的重要时刻。在这个特殊的日子里，让我代表获奖台发言，我内心十分激动，同时又感觉到稍许不安。激动是因为我知道这是领导和大家对我们的信任和鼓励，而不安是因为很多在座的同仁其实做得比我们更好，而我们意外获得了如此殊荣。回想前些年，我们台正处于老一辈退休而新一代没有成熟的断层发展阶段，极大地影响了我们的工作推进。幸好台领导给予了高度重视，也推行了一些有效措施，让我们避免了青黄不接的尴尬局面，给予了广播剧事业快速发展的大好时机。我们在年轻人群体中培养了一大批的优秀主创，也从老一辈的广播剧人那里继承了宝贵的经验，所以这次的获奖作品，是领导重视、主创人员努力的共同结果。我相信，只要我们全体团结起来，心往一处想，劲往一处使，就能为我们所热爱的广播剧事业贡献智慧、再创佳绩、重铸辉煌！谢谢大家！"

这位主任的发言中，没有自卖自夸，而是低调谦虚地把成绩归功于领导、主创团队以及退休前辈，收尾时再次把重点落在了"全体团结"上，淡化了被表彰主体的存在感，体现出了汲取集体力量而壮大成长的谦逊态度。

表彰大会的即兴演讲，既要围绕"热烈、欢快、隆重"的语言气氛，同时也要在内容上突出被表彰者的可贵之处，在语言中融入对优秀者的褒扬，在情感上注入对高尚精神的赞许，通过树立典型的方式激励更多人向榜样看齐，创造更辉煌的成就。

4

悼念哀思：继承逝者的遗志

生老病死，是无法回避的客观规律，在我们的亲朋好友之间，在我们的领导同事之中，总会有一些人先我们离去，为了纪念他们就会通过各种悼念活动寄托人们的哀思，把优秀人物的宝贵精神传承下去。那么，在这种场合中发表的即兴演讲，其核心主旨就是要对逝者表达出缅怀、敬意与哀思，从思想上、情绪上引导听众回顾他们的一生，肯定逝者对社会作出的贡献。下面，我们就通过实例来分析一下此类即兴演讲的表达技巧。

第一，语言简练，用词准确。

悼念仪式上的讲话，不要做长篇大论，可以根据逝者生前的社会地位来确定时长，一般最好控制在5分钟之内。这是因为简练的语言能寄托更深刻的哀思，而如果把讲话拖得很长，人们酝酿和积郁的情绪就会被稀释。除此之外，讲话一定要注意措辞，因为这种场合下的发言容错率很低，严重的口误、用词不当会造成无法估量的后果。

某公司一位总经理去世，在追悼会上，一位员工代表发表了即兴演讲："敬爱的总经理，今天我们全体员工怀着悲伤的情绪向您告别。您在领导公司的5年里，一直兢兢业业、任劳任怨，以锐意进取的斗志带领大家创造业绩，克服了重重困难，赢得了我们的尊敬和爱戴。在时代巨变的浪潮中，是您用智慧指引我们前进，是您用关爱促动我们成长，正是您利用新技术开发了新产品，让公司在激烈的市场竞争中始终屹立不倒，最终让公司步入全市利税千万元效益的企业行列，受到了政府的表彰和嘉奖，也为同行业树立了光辉榜样。然而，就在公司准备朝着新的发展阶段迈进时，您却离我们而去，我们失去了工作中的好领导，失去了奋斗中的好战友，企业界失去了一位好榜样。在这个寄托了我们无限哀思的日子里，我们依依不舍与您道别，但是您的精神没有离去，必将永远鼓舞着我们奋发图强！"

这位员工代表用了1分多钟的时间，简明扼要地把总经理生前的功绩讲述出来，既有客观事实，也表达了情感上的不舍，悲伤的情绪控制得恰到好处，简洁有力又不失真挚深情。

第二，质朴自然，庄重肃穆。

有人为了渲染悼念仪式上的悲伤感，绞尽脑汁使用了很多调动情绪的词汇，但其实这样的用法有很大风险，会给人一种刻意煽情、不尊重逝者的感觉。同时也从侧面证明了讲话者并不了解逝者生前的真实经历，所以才使用过于虚浮、夸大的词汇，这是需要特别注意的。

一位学生的父亲不幸离世，在遗体告别仪式上，这位学生发表了一番情真意切的悼念讲话，可谓感人至深："今年1月15日，父亲因为突发心脏病，永远离开了我们，离开了他所深爱以及深爱着他的人。这一切如晴天霹雳，击碎了我们这个原本幸福的家庭。父亲成长在部队家庭，从小就养成了艰苦朴素的生活态度和自立自强的奋斗精神，他从一位普通的销售员成长为副厂长，无论身处哪个岗位，他都能勤勤恳恳地工作，为自己钟爱的事业奋斗了一生。父亲的人生虽然短暂，不过在我看来却是完美的。世界上最痛苦的事莫过于和至亲至爱阴阳两隔，在我们心中，父亲既有严厉的鞭策，也有细心的关怀，正是这种教育方式，让我取得今天的学习成绩。闭上眼睛，父亲那恨铁不成钢的叹息犹在耳边，这些已经已成我脑海中最宝贵的回忆。我曾经抱怨老天为何如此不公，剥夺了父亲安享晚年的幸福。虽然悲痛到无以言表，我也依然坚持着要把对父亲的思念诉说出来。他虽然离开了，却没有走远，始终陪伴在我们身边。

祝您在天国安息，爸爸，一路走好。"

在这位学生的讲话中，没有华丽的辞藻，也没有刻意的深情，诉说的却是一个儿子对父亲满满的思念与不舍。从父亲的生平再到教育子女的点点滴滴，清晰生动地展示出了一位劳动者和父亲的真实生活影像，自然朴实的语言表达更让人动容伤感。

第三，安抚生者，继往开来。

悼念逝者，并非一味地催人落泪，也要在情感上安抚生者，让至亲至爱正确看待生离死别，同时把逝者的精神传递下去，给予生者对未来的希望和想象。

在法国文豪巴尔扎克的悼念仪式上，作家雨果发表了即兴演讲："诸位先生，巴尔扎克这个名字将长留于我们这一时代，也将流传于后世的光辉业绩之中。巴尔扎克先生是19世纪拿破仑之后的、强有力的作家之列，正如17世纪，一群显赫的作家涌现在黎塞留之后一样——就像文明发展中，出现了一种规律，促使武力统治者之后，出现精神统治者一样。他的一生是短暂的，却是饱满的，作品比岁月还多。这位惊人的、不知疲倦的作家，这位哲学家，这位思想家，这位诗人，这位天才，在同我们一起旅居在这世上的期间，经历了充满风暴和斗争的生活，这是一切伟大人物的共同命运。今天，他安息了，他走出了冲突与仇恨。在他进入坟墓的这一天，他同时也步入了荣誉的宫殿。从今以后，他将和祖国的星星一起，熠熠闪耀于我们上空的云层之上……各位先生，面对着这样一种损失，不管我们怎样悲痛，也先接受下来再说吧。在我们这样一个时代里，一个伟人的逝世，不时地使那些疑虑重重、受怀疑论折磨的人，对宗教产生动摇。这也许是一桩好事，这也许是必要的。上天在让人民面对崇高的奥秘，并对死亡加以思考的时候，知道自己做的是什么。死亡是伟大的平等，也是伟大的自由。"

雨果的悼词没有过多运用文学化的修饰，也没有去赚取听众的眼泪，而是真实客观地描述了巴尔扎克这位文学巨匠留给世人的宝贵财富，最后把他离去的事实当成"伟大的平等"，让人们从情感上予以接受。在谈到巴尔扎克作品的影响力时，雨果特别强调了"对宗教产生动摇也许是一桩好事"，意在提醒人们：他虽然离开，但作品还在，作品中表达的主题思想已经深深地影响了社会和时代，从这个意义上讲，作者就永远活在人们心中。雨果正是用这种浪漫的、哲学性的解读安抚生者的悲伤，引导人们鼓起勇气面对未来的生活。

悼念活动上的即兴演讲，不能像一般的节日庆典那样通过程式化的表达走个过场，也不能过于强调语言的修饰作用，而是应该凭借朴实无华的语言展现自己或者自己代表的团体对逝者的追思和哀悼，让听众被深深感染，最终化悲愤为力量，去完成逝者未竟的事业。

5

纪念大会：深沉不失激情

纪念活动通常是以人物或者事件为主题，人物通常是值得歌颂的优秀人物，事件通常是影响历史、具有时代意义的重大事件。在纪念优秀人物时，可以捎带一些追忆与哀思，但不要与悼念仪式相混淆；在纪念重大事件时，可以适当地抒发情感，但要掌握好宣泄的尺度，因为纪念活动的根本意义是怀念过去、立足现在、着眼未来，只有给予人们对未来生活的勇气与想象，纪念活动的举行才能释放出真正的意义。

第一，引人深思，发人深省。

纪念不是简单地回忆某个人或者某件事，而是要尽量追寻人和事背后的意义、影响，引起听众的思考。所以，成功的即兴演讲需要用精确的语言进行总结概括，让人们更全面、更深入地进行了解，才能达到发人深省的目的。

第二，蕴含哲理，饱含激情。

从某种意义上讲，纪念活动是生者的"誓师大会"，是在追溯过往之后如何继往开来的重要探讨，所以发言要有一定的哲理性，要有符合普世价值观念的道理，这样才能正确激发人们的缅怀之情，并把这种朴素的情感转变为继续奋斗的激情和动力。

在一次缅怀英烈的群众性纪念活动上，某位领导通过即兴演讲表达了对革命先烈的深切悼念和赞扬，同时也引导大家继承先烈的光荣传统，内容如下："在清明节即将来临之际，我们相聚在这里，面向烈士纪念塔献一束花、鞠三个躬，缅怀那些在中国革命事业和社会主义建设事业中逝去的英烈，感谢他们为今天美好生活付出的一切。我们知道，正是有了这千千万万有名的或者无名的英烈，才有我们今天的幸福生活。吃水不忘挖井人，享福要想英烈们。我们组织的这次纪念活动，就是要从英烈们的生平事迹中唤起红色记忆，洗涤我们的灵魂，升华我们的精神。当然，英烈并不一定非要牺牲在硝烟弥漫的战场上，那些奋战在各行各业建设一线而牺牲的人们同样是英烈，只是他们身处不同的时代和不同的环境罢了，但是他们对生活的追求和对革命事业的奉献是一样的，那就是都忠于祖国和热爱人民。祭奠先烈是为了慎终追远，缅怀先烈是为了继往开来。我们不仅要感谢英烈，更要把他们的崇高精神转化为开创美好生活的行动力，我们必须像他们那样坚定理想信念，将个人命运和国家的前途紧密绑定在一起，以此来实现我们的人生价值，要像他们一样爱岗敬业，以平凡之躯创造不平凡的业绩。我相信，在英烈崇高精神的指引下，我们当中会涌现出更多为祖国繁荣富强而忘我奋斗的英雄模范！"

　　这位领导在发言中特别强调了"英烈"的定义：只要是为国家和人民的事业和利益奉献一生的人，都有资格配得上这个称号。而且对英烈来说，有名或者无名也并非最重要的，因为他们留给后人的并不是某一段个人事迹，而是一种影响他人、改变社会的思想财富和精神内涵，这才是大家缅怀英烈的初衷。如果再提升一个认知层次，那就是英烈不是某个人或者某个团队，而是一种精神象征，是中华民族不屈斗争、持续奋进的符号，是每个人都应该与之看齐的学习榜样，正是在这种精神的促动下才可能为国家和人民创造美好的未来。

　　第三，庄重深沉，心怀感恩。

　　纪念活动难免会回忆一些人们不愿提起的过往，这就需要在表达中透出庄重感和深沉感，而并非简单直接的平铺直叙，特别是在提及群像时，要在词语之间表达出对他们的感激之情，这样才能把先进人物的光辉事迹牢牢印刻在每个人的心中。

某地组织了纪念"5·12"汶川地震的活动，一位市人大副主任发表了即兴演讲："当我们把时间拨回到那个灰色的日子里，那场突如其来的地震打乱了我们的生活节奏，在十几亿人的注视中，哪些是最可爱的人呢？有亲临一线的总理，以年过花甲之身肩负国家和人民给予的重任；有我们可爱的子弟兵，他们坚忍不拔地直奔灾区，与死神进行时间的赛跑；还有广大医护工作者，这些白衣天使恪尽职守，救死扶伤，在危难面前坚定捍卫自己的职业操守。除此之外，还有那些自发投入救援的民众，他们不会说豪言壮语，却能在孩子被压在倒塌的教学楼下时奋不顾身地冲上去，心中只想着"救人"二字。在这场天灾中，献出爱心的每一个人都成为永不磨灭的记忆，他们跑动、忙乱的背影犹在眼前，正是这样的众志成城，才能让我们的国家和民族历经灾难而挺立不倒！"

汶川地震是中国人心中的痛，除了哀悼逝者之外，我们也不能忽视那些勇敢的"逆行者"们，正是有了他们不顾个人安危的挺身而出，才为我们构筑了一道守护安全和幸福的铜墙铁壁。副主任用描画群像的表达方式把这些英雄楷模的形象庄重真实地表现出来，字里行间凝聚着深沉的爱与感激。

回顾历史、追思逝者，这些都是生者应尽的义务和不能忘却的责任，但同时生者也肩负着继承精神和开创未来的时代重任，所以纪念活动上的发言不要喧宾夺主，让情绪化的内容占比过高，而是应该更积极主动地引导人们进行思考和总结，在讲话中突出厚重感和力量感，才能真正起到团结群众、鼓舞士气的作用。只有突出主题的正能量，才能指引人们正确面对过往的荣誉与悲歌，开启明天奋斗的全新篇章。

6

慈善公益：呼唤爱和播撒爱

　　一滴水能映照太阳的光辉，无数爱心便能温暖世界。进入现代社会，慈善公益活动日益增多，对帮扶社会弱势群体、解决公共问题都起到了积极的推动作用。那么，作为此类活动的主导者和参与者，就要抓住机会调动公众的积极性，让更多的人关注并参与进来，这不仅是某个社会团队的义务，也是身为社会一分子的责任，而最有力的宣传手段就是在活动现场发表高质量的即兴演讲，把善意和温暖播撒出去，把火种和热情吸收进来。下面，我们就通过演讲案例来分析一下在出席慈善公益活动时该如何发言。

　　第一，具有鼓舞性和感召力。

　　慈善公益活动不是道德作秀，而是一种道德感召，要吸引尽可能多的人加入，唤起全社会的关注和支持。所以，在发言中必须要注入强大震撼的鼓舞力量，对听众产生一种难以抗拒的感召力。

　　在某省旅游协会组织的公益活动仪式上，一位环境保护基金会的理事长发表了即兴演讲："今天，我们特别感谢省旅游协会捐款50万元用于资助我省的红树林建设项目，旅游协会对这个项目的启动起到了榜样作用，引导我们全省各界都积极参与到生态建设活动中，让我省的海洋生态能够得到有效的保护和恢复，这是造福千秋万代的丰功伟绩。我们经常把'热爱生命'挂在嘴边，可如何实践呢？关键是要爱护生态、保护环境。对人类来说，发展经济是重心，但我们不能眼里只有经济发展，如果不注意保护生态和环境，以牺牲它们为代价进行盲目发展，这就是不科学的、不持续的发展。而且我们还要走出一个误区，爱护生态和保护环境不只是政府的责任，也是我们每个人的责任。只有从自我做起，从身边做起，我们才能有效完成保护环境、与自然和谐相处的终极目标，这也是我们成立省环境保护基金会的初心，集中民间力量，一起加入这项伟大的事业中！"

环境保护具有范围广、时间长、影响大等特点，这些就注定了单靠政府或者某个团队是无法真正完成的，只有让更多的人了解背后的意义，主动加入进来，有意识地积极履行责任，才能将这项任重道远的工作做好。而这位理事长在发言中就全面解答了这些问题，让听众意识到"这不是别人的工作，而是和自己的利益息息相关"，因此就产生了强大的感召效果。

第二，强调活动的重要性和现实意义。

公益类活动所蕴含的社会意义是广泛的，可能涉及政治、经济、文化等多个方面。作为演讲者，可以从自己的角度阐述其中的某个或某几个方面，让大家明白公益活动在社会层面的现实意义，从而帮助大家提高认识、统一思想。

在青海玉树发生地震后，欧美同学会的一位会长在赈灾募捐公益活动上发表了即兴演讲："五天前玉树发生了地震，我们体会到人在大自然面前是如此弱小无力，然而同时我们也体会到了人的精神力量有多么强大，人的爱能多么无私。刚才大家看到了片子里重现的镜头，很多生命在地震中逝去了，有那么多人遭受痛苦，我和大家一样无比心痛。主持人说，让我进行抗震救灾的动员，我说不需要刻意组织，这是我们发自内心的要求，现在大家聚集在这里，就是要奉献出我们回国人员的爱心，为抗震救灾活动贡献自己的力量，因为玉树人民的灾难就是我们的灾难，从这个角度看，我们不过是为大家搭建了一个进行公益募捐的平台。至于募捐多少钱，我想这并不是最重要的，因为我们要表达的是对玉树人民的感情。现在正是救灾的关键时刻，我们不会放弃任何一个救人的机会。另外还有一点不能忽视，那就是灾后需要恢复生产和重建家园，那会是更加艰巨困难的工作。今天的募捐活动只是一个开始，我们一方面会竭尽所能捐款捐物，另一方面也会对抗震救灾建言献策，比如怎样科学高效地进行救援以及如何重建家园等，这些既需要有政策支持，也需要有具体的实施方案，我们这些留学生可以发挥自己的专长，为国家和政府提一些切实可行的意见和建议。除此之外，我们还肩负一项责任，那就是做好宣传工作，向海外的留学生和国际友人讲述玉树地震后发生的一切，宣传人民在中国共产党领导下与灾难作斗争的真实情况，展现中国特色社会主义的优越性和中国各族人民的大团结，这是我们留学人员一项特殊的任务，也是我们能够做到的事情。最后，我衷心感谢今天来参加募捐活动的各位学长，也希望大家在抗震救灾中作出更大的贡献！"

　　这位会长的发言，就是聚焦在了"留学生"这个特殊群体，他们生活在海外，却心系祖国，关心灾区人民的现状，而他们提供的不仅仅是物质上的援助，还有救灾、重建方面的策略和方法。他们在传递这份大爱的同时，也能让世界了解中国抗震救灾的真实情况，消除那些不怀好意的谣言，引导良性舆论，这其中的现实意义就尤为重要了。

　　第三，宽慰社会大众。

　　公益活动是对社会奉献爱心的正能量活动，能够让人们感受到来自外界的关怀和温暖，让那些身处困境的人们看到继续活下去的希望，作为演讲者就要把这一层意思明确表达出来，抚平伤痛，消除绝望，点亮希望，迎接未来。

　　在某市组织的"心连心，现代情"大型公益活动上，一位慈善总会会长发表了即兴演讲："春满大地，情满人间。今天我们相聚在这里，就是要弘扬慈善文化，助推慈善事业。大家都知道，我们组织的'心连心、现代情'大型公益活动,主要是对贫困妇女实施的医疗援助活动,让这些操劳一生却得不到妥善照顾和细致关怀的群体感受到来自社会的温暖,让关心这一弱势群体的人们看到来自民间的力量,也让更多人知道,在我们身边是有很多好心人、很多良心企业的,他们虽然分布在各行各业,却有着扶贫济困的社会责任感,他们愿意将中华民族互帮互助的传统美德发扬下去。为贫困妇女照亮人生,鼓励她们有尊严、有力量、有底气地活下去,未来,我们还会借助这项活动激励更多的企业和社会友人积极参与进来,把希望照向更多需要帮助的群体,将公益活动引向深入,尽己所能,用慈善心、公益心、博爱心感染大众,传递温暖。我相信,在各级领导的支持下,在社会各界的努力下,未来会有越来越多的人积极行动起来,为弘扬慈善文化尽绵薄之力,打造一片明媚的春天!"

这位会长的发言,特别强调了社会各界对贫困妇女的关注度和帮助力度,让那些受援助群体在艰苦的生活中看到前进的方向,由此不再自卑、绝望和孤独,同时也让更多弱势群体意识到公益活动的广泛性和持续性,从而重拾生活的勇气,以积极的心态面对人生境遇。

慈善公益是一个群众性的活动,同时也是参与性非常强的活动,能否在这类活动中吸引更多社会人士参与进来,对活动的发展壮大、对社会的和谐稳定有着重要意义。因此作为发言者,要力求达到这个根本目的,既能以细腻准确的描述触动听众的心灵,又能以慷慨激昂的言辞激发听众的情绪,带动全社会朝着健康良性的方向发展。

7 欢送大会：开口洋溢暖心情

人往高处走，水往低处流。任何一个单位、组织或者团体，都免不了发生人事变动的情况，那些曾经围绕在我们身边的亲朋好友，也难免有远走高飞、就此分别的伤感时刻。那么，作为送别者，我们该如何在这类场合中用恰当的语言表达临别时的不舍、留念和祝福呢？下面，我们通过实例来逐一进行分析。

第一，给予对被送别者的高度评价。

诚然，被送别者可能是优秀人物，也可能平凡普通，但在这种场合下，还是要尽量给予对方较高的评价。当然这不需要过分夸张，而是可以集中称赞对方的优点和闪光点，把一个人最光辉荣耀的过往向听众展示出来，激发起人们对被送别者的尊重和敬意。

某学校来了一位挂职锻炼的校长，被安排到和年级主任在一个办公室工作。当该校长任职期满、准备离开时，学校为其举办了一场热情洋溢的欢送会，和校长相处时间最长的年级主任发表了即兴演讲："各位领导、各位同事，大家好。王校长来我校挂职三个月，我有幸和他同处一室，在这段特别的日子里，让我印象深刻的有三件事。第一件事，是我以为自己是一个很爱干净的人，平均每周都要认真整理一下办公室，然而王校长每天都会把办公室打扫一遍，又是擦桌子又是擦地，可以说真正做到了一尘不染，让我这个东道主反而觉得很没有面子。（听众大笑）第二件事呢，其实我是一个不太自信的人，但是王校长每天都会表扬和鼓励我，甚至还专门写信称赞我，这种称赞绝非虚假的吹捧，而是在发现一个人的亮点之后发自内心的赞颂,这让我重新找回了正视自我、努力工作的动力。第三件事就是,王校长虽然是挂职锻炼,但他特别喜欢我们学校,曾经说这里是他见过的最美丽、最有生气的学校。他会认真记录自己每天的工作心得,还能对我们学校的发展提出宝贵的建议,其中有很多连我这个工作了十多年的主任都没有想到的。最后,我希望大家应该记住王校长与我们相处的点点滴滴,祝福他在新的岗位上发光发热,再创辉煌!"

年级主任以质朴通俗的语言,把王校长的干净整洁、懂得赏识他人,以及做事认真等优点清晰地描述出来,顿时将其人格魅力拉满,让不了解他的人通过这番发言产生了敬意,这就是欢送会给予对方最好的礼物。

第二,对被送别者送去祝福和建议。

欢送会既要表达出对被送别者的临别祝福,也可以加入一些理性的建议,让对方在新的岗位、新的征程中有更理智、更正确的选择,从而拥有更完美的人生经历,这种发自内心的建议也能体现出对被送别者的真情实感。

某事业单位在上级的安排下,培养了三位骨干,现在他们将以干部身份调配到其他单位工作。在欢送大会上,总经理发表了一番即兴演讲:"今天送别三位优秀的同志,他们将带着党交给他们的新任务起程去其他单位继续拼搏开拓。作为他们曾经的领导,我要送给他们一点建议。都说'新官上任三把火',那我就送给他们'三把火'当作礼物。第一把火是照明之火,这三位同志虽然经验丰富,但总还年轻,有些事情还没有经历过,如果单靠经验去摸索,容易犯经验主义的错误,而有些错误可能是没有机会改正的,所以我们手中一定要有一把照亮前路的火光,它可以是我们个人的智慧,也可以是来自他人的建议,总之不能依靠主观的直觉,不可感情用事,要顺着光亮去看清脚下的路。第二把火是人间烟火,我们有些干部走上领导岗位之后,渐渐就变得脱离了群众,无论说话还是决策都是一副官腔，缺少了对基层的了解，缺少了对一线的关心，所以我们身边需要点燃人间烟火，要始终和群众保持沟通联络，不能活在一个封闭的、自我想象的世界里。第三把火是心中之火，我们干事业如果没有一种强大的精神内力去支撑，是很容易懈怠的，只有不断给自己树立目标，加油鼓劲，才能一往无前地朝着胜利的方向奔赴，才能成为群众的表率。好了，我的三把火送出去了，最后，再次对这三位同志送去祝福，希望他们在新的工作岗位上再接再厉、更展风采！"

这位总经理用"三把火"的隐喻对三位年轻干部提出了过来人的经验，生动形象，寓意深远，提前对他们可能遭遇的棘手问题进行了预判并给出了解决方案。这种临别赠言就显得很有现实意义，也充分表达出了对被送别者的关心与爱护。

第三，表达出对被送别者的惜别之情。

临别之际，必然会伴随着几分伤感，这种情绪的宣泄并非矫情，而是一种发自内心的真实流露。只要以恰当合理的方式表达出来，就能为发言增添最动人的色彩。

春节过后，某县组织举行了"春风行动"，全面开展劳务输出工作。在欢送仪式上，县委书记发表了即兴演讲："同志们，人间四月天，春风送温暖！今天，我们聚集在这里举行'春风行动'欢送仪式，标志着今年我县劳务输出工作正式启动。我谨代表县委县政府，向即将离开家乡、奔赴外地的农民工朋友致以诚挚的祝福！俗话说'儿行千里母担忧'，在你们临行之际，我还要叮嘱你们几句。第一句话是吃得苦中苦才能做成事；第二句是在家靠父母，出门靠亲朋；第三句是堂堂正正做人、踏踏实实做事。现在，启程的时刻到了，你们的父母虽然给你们准备好了上路的行囊，那里面沉甸甸地寄托了他们的爱；你们的妻子丈夫和你们洒泪相别，四目相对之下都是浓浓的爱意；你们的孩子舍不得你们离开，但越来越懂事的他们明白你们远行的意义。外面广阔的天地的确美丽诱人，但永远无法和家中的一亩三分地相比，毕竟这里有你们的亲人，有你们的回忆，有你们心心念念的一切，是你们踏上征程后魂牵梦萦的地方！父老乡亲也舍不得降生在这里、成长在这里的你们，但离别过后意味着再次相逢，离别过后也意味着海阔天空，你们的点点滴滴会牵动家乡所有人的心，因为我们都希望你们能成为家乡的骄傲，希望你们多宣传家乡，把自己当成宣传家乡的代言人，以出色的工作成绩和良好的口碑，为家乡的经济发展作出应有的贡献！最后，祝福你们一路顺风！"

县委书记在发言中既给了农民工言简意赅的宝贵建议，同时也不忘代表他们的亲人朋友乃至家乡父老表达了惜别之情，字字句句充满了人情味，将欢送会的热烈气氛推向了高潮。

送别我们曾经熟悉的同事、亲人、朋友或者客户时，难免会有几多离愁和几多祝福，这些都是人与人之间最宝贵的情感。我们不必介意情不自禁流下的泪水，也不必挂怀日后是否能够重逢，只需要用发自内心的真情和字字走心的词汇表达自己的感受，让对方在临别之际感受到来自我们的善意和暖意，这就是我们站在台上准备开口前的初心。

CHAPTER 10

第十章

非正式场合的
表 达 秘 诀

1

朋友聚餐：三分江湖气，七分赤诚心

人生离不开朋友，而交友少不了聚会。三五好友，约在某日，相聚一处，觥筹交错之间难免要来一点祝酒词，这就是酒桌上的即兴演讲。和正式场合讲话相比，大多数人都不会产生紧张感，毕竟面对的都是熟识的好友。但也正是这种熟悉感，让很多人的讲话瑕疵满满、不着边际，甚至有酒后失言的可能。为了避免在朋友之间造成不必要的误会，让友谊保持最光鲜亮丽的色彩，我们有必要学习一下如何在朋友聚会的场合发表即兴演讲。

第一，发自内心，情深意切。

朋友聚会，"情"字永远是不变的主题，但如何恰到好处地渲染感情而不显得做作虚假，这就涉及表达技巧了。其核心原则就是"言之有物"，即把感情的真挚通过具体的事件描述出来，而不是泛泛而谈，这样一来会显得你的表达有水平，二来也能从侧面看出你是在用心和大家联络感情，而非走个过场。

在一次朋友聚会上，东道主发表了即兴演讲："大家好！每逢佳节倍思亲。马上就要过年了，很多朋友都想回家，今天我告诉你们：这里就是我们的家，我们就是相亲相爱的一家人！佛说：前生的500次回眸才换来今生的一次擦肩而过。所以我们在座的各位可能前生都光顾着回头了，也许从那一刻开始，我们就意识到下辈子要聚在一起，这就是朋友之间的独特的心灵感应。这并不是我刻意夸张，去年老孙生意上遇到了麻烦，没有参加我们的聚会，结果有五六个人马上给他打去了电话，一来二去就把他的心里话都套出来了，结果这件事传遍了整个圈子，大家都慷慨解囊，把辛苦攒下的积蓄借给老孙救急，帮助他渡过了难关。在老孙还清最后一个人的欠款时，他感慨地表示，自己原本没打算向我们这些朋友借钱，因为大家都过得不容易，可没想到我们都心有灵犀地察觉出了问题，这才不得不向我们吐露实情。我想，这种心灵感应不是什么玄学，而是我们这种亲如兄弟姐妹般的感情在升华之后的真情流露，正是因为我们关心彼此的一举一动，所以才能在第一时间伸出援手。在我们这个圈子里，大家不问收入高低，不问职务大小，不比家庭状况，聚在一起只为交流感情，说说心里话，这就是我们聚在一起的初衷。我希望大家能把我们的聚会变成一个团结的聚会、联谊的聚会和互助的聚会，让我们不断地加深对彼此的了解，相互更加协作，联系更加紧密，希望在座的各位在各自的岗位上，开拓进取，奋发有为！2023年到来了，让我们尽情地谈笑风生，畅叙友情，把我们的聚会变成生活中一道让人羡慕的风景线，让我们的聚会成为一种美丽的永恒！"

这位东道主的发言没有通篇说漂亮话，而是列举了发生在朋友圈中的真实事件，表达出了朋友之间患难与共、互相关心的真情实感。这就让大家的相聚时刻变得意义重大，也让每个人的心头为之一暖，拉近了彼此的距离。

第二，笑谈人生，期盼未来。

朋友聚会除了联络感情之外，更重要的就是在一起谈天说地，感叹人生，这也是很多聚会场合的常见话题。所以在发表即兴演讲时也可以从这些话题切入。

在一次朋友聚会上，一位参加者发表了即兴演讲："当我们撕下今天这张日历，你会发现后面没有了。对降临在这个世界上的我们来说，时光又流逝了一年。在过去的一年中，我们都曾经努力过、拼搏过、失败过，所以我们对人生都有了各自不同的感悟。借此机会，我想把我的人生感言对大家说说。人生就像是一条江河,发源于高处,蜿蜒于大地,上游是我们懵懂无知的青少年时代,中游是我们疲于奔命的中年时代,下游是我们安享天伦之乐的老年时代。上游总是那么明净婉转,中游却是狭窄湍急,下游则相对平静宽广。每个人都想知道,自己的人生之路究竟能走多远,但我想答案不在我们的双脚之下,而是在我们心中的志向有多高远。我认为,不管我们正在经历人生的上游、中游还是下游,保持内心的一份沉着和坚定,追求一个目标,追求一种境界,这才是最重要的。我们应该具有'泰山不让土壤,河海不择细流'的宽广胸怀,用我们的志向去成就我们的人生。如果我们喜欢蓝天白云、风和日丽,那就应该让艳阳和春风沐浴我们头顶的天空,就应该让蓝天白云拂拭我们的心灵,而如果我们讨厌阴霾迷雾和狂风暴雨,那就应该把阴霾迷雾撕烂踩在脚下,就应该无视狂风暴雨而勇敢前行。在如今这个社会里,我们总会经受诱惑和考验,所以只有保持一身正气去追求人生才能目不旁视,直达终点。等到这场聚会散了,我们都要继续面对人生的修炼,未来会遭遇什么我们并不知道,但只要我们保持内心的从容与镇定,又何惧沿途的障碍?让我们这些被生活折磨却又打不死的小强们,干杯!"

这段即兴演讲带有一定的诗意,却并不浮夸,是用一种文学修辞的方式描述了生活的艰辛与不易。但如果仅仅是吐槽又会显得缺乏正能量,所以讲话者以乐观的心态和辩证的思维来激励大家勇敢向前看,既不恐惧未来又能对未来充满希望,把聚会的气氛推向了新高潮。

第三,凝心聚力,和谐共生。

朋友圈是一种特殊的"组织",它可能没有直接的领导者,但通常会有意见领袖;它可能没有明确的法令制度,但会有彼此共同遵守的规则。因此,如果把朋友圈看成是一个团体的话,那么在发言中就要强化这个团体的凝聚力,让每个团队成员都能和谐相处。

某公寓的一些年轻人因为志趣相同形成了一个朋友圈,在一次聚会时，组织者是这样发表即兴演讲的："大家晚上好！在今天这个让人高兴的日子里，我们15号公寓的家人们进行了第六次聚会。我认为，今天的这次聚会对我们大家来说具有特殊意义，因为此时的我们已经不再是擦肩而过的邻居了，也不是停留在点头之交的半个陌生人，我们借助这所公寓成了真正的朋友，大家不仅找到了共同的爱好、话题甚至事业合作的交集，也成功地走进了彼此的心里。有人生病了，马上就有药被送到家门口；有人失业了，马上就有推荐信息发过去；有人失恋了，马上就有几瓶好酒摆在桌上……这就是我们这些年轻人之间最朴素的情谊。我们大部分都是来自异地他乡，孤身一人闯天下，难免会有孤立无援的时候，但我们在相识相知之后，这一切都发生了翻天覆地的变化，我们不再孤单，不再彷徨，不再绝望，因为我们身边增添了那么多有力的臂膀。只要我们15号公寓的家人们保持这份来之不易的感情，我们的心就会更加紧密地连接在一起。最后，我希望大家能像呵护生命一样珍惜我们的友情！"

　　这位组织者的发言把"15号公寓的年轻人"当成了一个团结的整体，他们虽然不是同事关系，也没有同窗的旧情，却是一群在外地打拼的奋斗者，所以他们能够体谅彼此的难处，也愿意用自己的力量去帮助他人。这种互帮互助的朴素感情就成为这个小团体友情长存的保障，也通过这番发言让大家更加珍视彼此。

　　人生难得一知己，与朋友相聚本是一件快乐之事，切不可因为我们的口无遮拦或者不善言辞造成误会。即便你头脑清醒、表达到位，也需要学习和了解在聚会场合的发言技巧，让友谊在纵情欢笑间更上一层楼，用高超的即兴演讲技巧为你的社交人生增光添彩。

2 家族聚会：有爱、有礼、有精神

每到节日假期，难免要和家族中的亲人欢聚一堂，彼此诉说近况，分享人生乐事，席间自然免不了要进行即兴演讲，这甚至成为很多家族的保留节目。虽然亲人之间的包容性很高，但我们不能随心所欲地胡乱发言，而是要懂得基本的表达技巧，在保持应有的礼貌的同时注入对亲人最深厚的感情，由此留下一段美好的记忆。下面，我们就通过案例来分析一下如何在家族聚会的场合发表即兴演讲。

第一，称赞家族的温暖和力量。

我国的家族观念是非常强的，因为家族不仅代表着血脉之间的联系，也是一种强于其他社会关系的特殊人脉，很多私企、个体都是以小家族或者大家族为单位发展起来的，可以说家族对一个人的前途命运有着重要的影响。那么在家族聚会的场合中，就要在言语之间表达出家族存续对后人的重大意义。

某家族聚会上，一位晚辈发表了即兴演讲："大家好！今天借着这杯酒，我要向各位长辈和亲人谈谈我的感受。经过这些年我的成长和工作经历，我感受到了生活的不易，它总是在你没有准备的时候给予你各种考验。我们作为一个大家庭，是如何应对这些考验的呢？其实在座的各位长辈亲人已经用实际行动给出了答案。首先，我们这个家族是团结互助的，不管谁遇到了困难，都会有人马上站出来给予物质上的帮助和精神上的鼓励，从来没有考虑到个人利益的得失。其次，每个人都是发自内心、积极主动地区帮扶亲人的，他们并不是在长辈的命令下，也不是在别人的道德绑架下，而是会不假思索地贡献出自己的力量。最后一点是，我们家族的每个人都对生活充满了乐观的态度，不管遇到的困难有多大，都能够微笑着面对，坚信我们这个大家族能够依靠所有人的力量克服困难，这就是我们家族不断发展壮大的根本动力。在我们中国人的传统观念中，总是想要把最好的东西留给下一代，我们这些年轻的晚辈正在从老一辈手中接过重担，我们会把尊重长辈的优良传统和团结互助的观念传承下去，用自己辛勤的双手去创造幸福的生活，因为你们已经把最宝贵的精神财富留给了我们，我们为生长在这样的大家庭中感到骄傲和自豪。我衷心希望家族的每个人平平安安，健康顺利！"

这位晚辈在发言中着重强调了家族"互帮互助"的温馨，也提到了家族在遇到困难时毫不畏缩的勇敢决心，将温暖细腻的感情和坚韧不拔的力量结合在一起，让整个家族的形象更加立体深刻，产生了良好的表达效果。

第二，礼敬长辈，简述家史。

家族聚会，总会有几位长辈成为话题中心，他们既是家族精神的传承者，也是晚辈们学习和景仰的掌门人，所以在发言中提及他们的贡献和付出是符合发言规范的，也能通过对老一辈人的经历回顾梳理家族成长壮大的历史。

在一个刘姓家族的聚会上，一位年逾不惑的家族成员发表了即兴演讲："各位长辈、各位亲友，大家好！今天是我们刘氏家族聚会的重要日子，我们各位兄弟、姐妹能够欢聚一堂，是非常难得的。我们之所以跨越万水千山也要见上一面，是因为我们之间割舍不断的亲情，它虽然看不见，却时时刻刻都在把我们指向一处。在这里，我要感谢我们的长辈某某叔叔，正是他老人家一生的辛苦付出，才让刘氏一家的兄弟姐妹在失去父母之后没有成为流落街头的孤儿，不仅吃饱穿暖，而且有机会念书工作，在艰苦的岁月中成长为对社会有用的人，所以我们这些兄弟、姐妹才能一代代健康地发展下来。我在回忆那段往事时总是忍不住落泪，因为叔叔当初吃尽了苦头，他白天当体力工人，晚上还要做夜班保卫，逢年过节都舍不得吃上一块肉，就是为了让弟弟妹妹们能够有钱吃饭，有钱上学。我相信，我的爷爷、奶奶在天有灵是知道这一切的，会为今天的聚会感到高兴。无论岁月多么残酷，它都无法消除血浓于水的深厚感情，我希望我的兄弟、姐妹们，能够继承刘氏家族这种守护至亲的精神，共同携手，并肩同行，在激烈的社会竞争中成为支持彼此的战友，互帮互爱，再创辉煌！"

刘氏家族的不幸经历让人动容，但更让人感慨的是家族中有担当的老人。通过晚辈的简要描述，把老人历经坎坷却又坚韧不拔的一生真实感人地展示出来，给予晚辈们最有说服力的证明和榜样，引导大家共同传承家族精神。

第三，传承精神，存续光辉。

每个家族都有其不同的发展历史，也有属于自己的独特精神，这种精神既需要长辈向晚辈教导和传递，更需要晚辈坚定地继承，让家族精神发扬光大，让家族之火常燃不灭，这也是家族聚会的重要精神内核。

某宋氏家族举办祭祖活动后组织了一次聚会，一位二十出头的晚辈发表了即兴演讲："大雪已过，冬至将临。今天是我们这些宋氏后代相聚的日子，大家不畏路途遥远，携带妻儿老小，从四面八方齐聚在这里，焚香祈祷，祭拜列祖列宗。在此，我代表第十届祭祖活动筹备组向大家表示热烈的欢迎和衷心的感谢！我们宋氏家族祭祖活动从十年前开始举办，参加活动的人从最初的几十人增加到上百人，活动规模一年比一年大，活动内容一年比一年丰富。每次聚会都能在家族和社会中产生强烈反响，既弘扬了家族美德，又传承了家族的优良品质；既凝聚了宋氏家族的力量，又增强了家族成员的往来，特别是激发了我们这些晚辈的自豪感和荣誉感。通过祭祖，我们了解到了宋氏先辈们创业经商的光辉历程了，了解了他们信誉第一的行业操守，了解了他们对亲人朋友的仗义疏财，我们作为宋氏家族的后人，理当继承祖宗留给我们的优良传统，经商之道让我们成为对社会有贡献的人，做人之道让我们无愧内心的良知。我们要继续把宋氏家族的美名传遍四方，得到更多人的认可与尊重。最后，祝愿祖上英灵永远保佑宋氏家族兴旺发达，祝愿大家身体健康！万事如意！"

年轻一代传承家族精神，是整个家族存续光辉的关键，只有在发言中体现出这种认同感和责任感，才能真正无愧家族传人的名号，也是对年长一辈最贴心的回报，更是对祖上先辈的赤诚告慰。

家族聚会是亲情浓厚的场合，聚在这里的有我们的至爱血亲，有看着我们从孩童走向成熟的长辈，也有与我们一起度过童年欢乐时光的兄弟姐妹。如何在言语间表达出对亲情的赞美和对亲人的爱意是一种语言技巧，我们可以用词朴素，但不能表达无力；可以逻辑不清，但要主题鲜明，这样才能把对亲人浓烈的爱传递出去，而不是在苍白的语言中被人误解为冷漠无情。

3

同学重逢：忆旧情，谈未来

同学聚会是一种常见的社交形式，有人比较放得开，认为同学之间有深厚的感情基础，说对说错大家都能担待；也有的人会比较紧张，毕竟多年未见，昔日的感情是否存在还需要打一个大大的问号。其实，上述两种态度都有些走极端，同学之间的情谊通常不会因为时间的流逝而彻底消失，但也要承认时过境迁，昔日要好的同学如今的生活轨迹却大不一样，这就需要我们在保持亲密感的同时掌握分寸感，这样才能在这来之不易的重逢时刻给大家留下美好深刻的印象。下面，我们就通过实例来分析这种场合下的发言技巧。

第一，点到为止地回顾学习生活。

或许有人会感到疑问：同学会不就是找回过去记忆的吗？为什么还要点到为止呢？要知道，并不是所有人都对过去的学习生活存在美好的记忆的，有的人可能因为成绩差一直感到自卑，有的人可能因为性格内向没有交下几个朋友，甚至有的人还可能遭受过校园霸凌……这种复杂的情况尤其适用于参加人数众多的大型同学聚会，而如果是小型的同学聚会则不会有这么多忌讳。所以，回顾学习生活不是不可以，是要点到为止，要尽量抽取彼此的"共同回忆"，比如美丽的校园、某位有趣的老师等，不要过多把自己当年的感受代入进去，这样很难引发广泛的共鸣，甚至还会造成个别人的反感。

某高中2000届毕业生在2020年组织了一次同学聚会，很多人已经阔别20年没见面了，一位当年的学生干部发表了即兴演讲："今天，我们这些高中毕业的同学时隔20年重逢，我们脸上的阳光是如此灿烂，笑声是如此响亮。回忆20年前的今天，那时的我们正直花季年华，正在慢慢地探索未知的世界，20年后的今天，蓦然回首，岁月如歌。此时此刻，昔日的同学相对而视，不少人都感叹岁月的无情让我们的脸上显现出了年轮的印记。不过，在这重逢时刻，我们脑海中的记忆碎片又被重新拾起，我们可以大声地对彼此说，我们曾经年轻过！刚才我看到大家都在热烈地交谈，我想，岁月的长河就在那一刻已经被我们远远地甩掉，眼前浮现出的则是少年的你我。当年稚嫩的少年，现在经历了岁月的千锤百炼，已经变得成熟稳重，每个人都在演绎着不同的人生，但有一点是相通的，那就是我们曾经共同走过的那段岁月。就在这一刻，我们同坐在一个屋檐下，同唱当年的校歌，彼此推杯换盏，找回了逝去的青春点滴，享受着生命中的欢乐时光。最后，我祝愿这次同学会圆满成功，希望大家都找回当年那个青涩、真实、可爱的自己，谢谢大家！"

这位学生干部的发言，虽然提及了学生时代的过往，但没有涉及细节，而是用诗歌化的语言回顾了让人难忘的青春岁月，因为每个人都拥有过花样年华，每个人也曾经向往着探索未知世界，这种共同回忆是最能引发普遍共鸣的，因此对听众而言，这就是一次舒适的、友善的即兴演讲。

第二，对未来进行展望和想象。

不得不承认，很多同学会或多或少地带有几分功利色彩，那就是通过找回学生时代的人际关系为自己搭建新的人脉，这本无可厚非，只是不要让这种功利性彻底掩盖住了同学之间的情谊。同样，我们也可以从这个现实需求出发，对同学重逢后的人生进行合理的想象和乐观的展望，既不违背同学会的活动主旨，也在一定程度上增强了同学交往的现实意义。

某高中组织了一次十年后的同学聚会，班长发表了即兴演讲："亲爱的同学们,大家上午好!今天我们怀着激动的心情,相聚在可以望向母校的 XX 饭店,隆重举行毕业十年同学联谊会。首先我要感谢为这次活动付出辛苦劳动的筹备组的全体同学,你们辛苦了!是你们的热情把我们聚集在一起,是你们找到并联系了全体同学,在此我代大家向你们表示感谢!十年前,我们还是懵懂无知的少年;十年后,我们已经大学毕业走进了社会。虽然我们分别的时间并不漫长,但这十年恰恰是人生中变化最大的十年。我们选择了不同的高校,学习了不同的专业,毕业后进入不同的行业,有的人已经在外地安家落户,有的人已经结婚生子,但是,我们心系母校的那颗心从未变过。正是有着这种特殊的情感和记忆,才让我们重新聚集在一起。我私下调查了一下,发现我们当中真的是藏龙卧虎,有年纪轻轻就成为中层干部的,有在技术领域拿到国家奖项的,有在生意场上如鱼得水的,很多人都过上了让自己满意的生活。当然,成功与否并不是衡量一个人价值的关键,正如我们在学生时代有的人成绩好,有的人成绩差,但我们从未因此歧视过谁,也没有追捧过谁。我想,今天大家也会一如既往地恪守这一传统,只为一个情字相聚。未来,我们的人生路上还有很多变数,我相信每个人都有更上一层楼的可能,我们这些昔日同窗就是大家下一段人生旅程中的坚强队友,只要有需要,我们就会伸出援手。最后,我衷心祝愿各位同学吉祥如意,祝愿母校的明天更加灿烂辉煌!"

这位班长发言的高明之处在于,首先肯定了筹备组同学的努力,也暗示了他们在同学圈中是人脉比较广的能人,凸显出了他们的社会地位。随后,班长又以骄傲的口吻介绍了同学中在行政、技术、商业等领域中的佼佼者,展现的是一支"成功人士队伍",但很快又话锋一转,强调了同学相聚的核心依然是感情而非其他利害关系。最后在对未来的畅想中,又把同学圈的人脉属性巧妙地点出来,措辞得当,滴水不漏。

需要注意的是,在同学聚会上一定不要急于表现自己,不论自己的事业是否成功，不论自己的人生是否圆满，都不要在发言中体现出来，可以夸奖他人，但不能吹嘘自己，当然诉苦、哭穷也是不该出现的，这些可以作为私下交流时的话题，不能摆在桌面上谈论。同学之间的八卦新闻。也不要出现在演讲中，因为你得知的版本未必是符合事实的，所以很可能会引起别人的反感。总之就是多谈大家的共同经历，不要在同学之间划分出小圈子，表现出关系的亲疏远近，要强调整体的团结。

求学读书，是绝大多数人必经的人生阶段，同窗之情，则是这段经历中最美好的回忆。在昔日同学相聚的温馨时刻，如何用恰当的语言和精彩的内容表达内心的激动、喜悦和感激，是一门需要学习的技艺。它不仅考验我们临场发挥的能力，也在检测我们洞察人心的技巧。作一次成功的即兴演讲，就是为我们的学生时代加上一个完美的注解。

4

同事小酌：真心话和场面话

现代生活的快节奏和高强度，让很多人都在两点一线的路径中生活，每天见的最多的不是亲朋好友，而是同事领导，这是人生的无奈，也是现实的残酷。但我们大可不必把职场上的社交视为洪水猛兽，也不必将同事关系妖魔化，我们应该借助每一次与同事聚会的机会，展示出工作之外另一个优秀的自我，同时借助语言表达的技巧拉近和同事之间的关系，为我们创造一个良好和谐的职场生态环境。下面，我们就通过实战案例分析这里面的"门道"。

第一，称赞同事。

身在职场，不论你对同事是否喜欢，场面上的好话还是要说的，尤其是对于刚刚进入公司的新人，你的成长需要周围的同事来帮助，即便你能力够强，至少也需要和谐稳定的职场人际关系。所以在同事聚会的场合，可以表达对同事在日常工作中默契配合以及提携帮助的感激之情。

一位入职半年的新员工在参加同事聚会时，发表了一番即兴演讲："大家下午好！今天是咱们销售部门本月的聚会活动，也是我来到公司的第六个月。在这短短的半年时间里，我身为新人，得到了大家的帮助和鼓励，从一个懵懂无知的菜鸟一步步开始蜕变，这里面有汪姐手把手教我销售技巧，让我快速和客户打成一片；有李哥不厌其烦地为我传授经验，让我避免了严重的错误；还有杨哥、孙姐这些热情的老员工，我有什么不懂的都会一五一十地告诉我，所以我的成长是和在座的每一个人都分不开的。其实，我到公司的第一天，咱们梁部长就告诉我，公司里有不少优秀的员工，我只要从每个人身上学到一样优点，就能够在未来独当一面。不过我发现，梁部长对这些手下爱将是真的谦虚了，你们身上的优点实在太多了，是我一生都很难真正学到的，所以我真的为能在这样的高质量团队中工作感到万分的荣幸。未来，我会继续向各位前辈学习，不仅学习你们过人的业务能力，还要学习你们身上的优良品质，我相信我们销售部一定能在我们的共同努力下再创佳绩。最后祝愿大家工作顺利，万事如意！"

这位新人一方面讲述了个人成长，另一方面也重点感谢了部门的全体同事，不仅礼貌有加而且感人至深，为接下来的工作开展优化了人际关系。

第二，歌颂企业文化。

同事聚会的容错率比朋友聚会要低，有时候说了一句不妥当的话，轻会影响同事关系，重则传到领导那里，很可能就会影响你的职业前景。所以当你对人情世故拿捏不准的时候，不如就多说一些冠冕堂皇的话，比如称赞企业文化，这种发言虽然听上去比较假大空，但至少不会被人抓住把柄，也算符合同事聚会的主旋律。

一位员工在公司元旦聚会上发表了即兴演讲："各位同事大家好！新年伊始，我们再次欢聚一堂，共庆佳节。在过去的一年里，我们公司各部门团结一致，抢抓机遇，积极进取，不仅完成了各项KPI指标，还提高了我们公司的企业形象，在我看来就是真正点燃了工作的激情，每个人心中都有一团燃烧的火焰。我们能够取得这些成绩，离不开在座每一位的努力付出，离不开领导的运筹帷幄，也离不开我们家人的关心和支持。我们优秀的企业文化会把一个普通人变成一个优秀的王者，能把原本只有利益关系的客户变成可真心交往的好朋友，能让外界了解我们、认同我们，这是公司的幸运，更是我们的幸运。新的一年到来了，意味着我们将开启新的希望和承载新的梦想。我们有理由相信，在我们毫无私心的奉献精神之下，没有什么困难是攻克不了的，我们的明天一定更加美好！那么，就让我们笑迎新年的曙光，为了灿烂的未来，大家共同举杯！"

虽然这位员工讲了很多场面话，但整体上也是正向积极的，肯定了每个人的付出和努力，也表达了对领导和公司上层的敬意，同时也契合了节日里喜气洋洋的气氛。

第三，工作趣事。

如果你对自己的表达能力有信心，如果你的同事关系比较融洽，那就不必说那么多场面话，可以尝试着用朋友聚会的思路来发表即兴演讲，这样能真正带动起聚会的欢乐氛围，也能增强同事和你的个人关系。此时最适合展开的话题就是发生在工作中的趣闻，当然在分享趣闻时要注意尺度，要留有底线，不能伤及任何人的面子和感情。

某公司的策划部临时组织了一次聚会，席间，一位工作了3年的员工发表了即兴演讲："今天的聚会挺突然的，因为部长原本打算在周六聚会，可是一问有好几个人周六没时间，于是就改在了今天。但我觉得，越是这种突然就越有惊喜。说到惊喜，咱们部门最近还真有不少类似的事情。上个星期我们在为客户撰写营销活动方案时，我和林姐研究了一个赠送来宾小礼物的方案，还精心设计了礼物的造型和颜色，客户看了之后非常满意，因为现场来宾中有不少人都是带着孩子来参加的，而我们设计的小礼品正好符合孩子的喜好。本来我和林姐被客户表扬了就挺高兴的，没想到昨天客户竟然给我们送来了六个礼品样品，说是给我们部门的。说实话，办事这么痛快的甲方我还是第一次见，所以特别开心，可是林姐却一脸愁容，我问她怎么了。林姐说，早知道客户能送我们样品不如设计一款黄金制品了！我说，那对客户就不叫来自乙方的惊喜了，是来自乙方的惊吓！（大家发出笑声）总之呢，就是很开心，我希望咱们部门以后能多收点慰问礼品，咱们趁着业余时间也开个小礼品店。怎么样，大家为这么个小目标干一杯！"

　　这位员工的即兴演讲生动幽默，很接地气地谈到了同事们的日常工作，和大家分享了发生在工作中的趣闻，活跃了现场气氛，也增进了同事之间的亲密感。

　　职场既是工作场合，也是社交场合，和朋友、同学的关系相比，它不可避免地掺杂了一些利益因素。虽然我们不否认同事之间也有转化为知心好友的案例，但也要承认同事之间潜藏的矛盾纠纷，如何避开矛盾、突出情谊就成为同事聚会发言的关键所在，这既需要我们掌握一些基本技巧，也需要通过察言观色来学习他人的实践经验，这样才能为我们自己量身定制一套适用性强的演讲模板，让我们在职场奋战之余也能收获几分真诚而宝贵的好感。